人力资源管理专业教材同步训练

管理思想史同步训练

GUANLI SIXIANGSHI TONGBU XUNLIAN

涂智寿 ◎主编

西南师范大学出版社
国家一级出版社 全国百佳图书出版单位

图书在版编目(CIP)数据

管理思想史同步训练/涂智寿主编. —重庆:西南师范大学出版社,2013.8(2021.8重印)
(人力资源管理专业教材同步训练)
ISBN 978-7-5621-6364-0

Ⅰ.①管… Ⅱ.①涂… Ⅲ.①管理学－思想史－世界－高等教育－自学考试－习题集 Ⅳ.①C93-091

中国版本图书馆CIP数据核字(2013)第180075号

人力资源管理专业教材同步训练

管理思想史同步训练/ 涂智寿 主编

责任编辑:张渝佳 罗 勇	印 刷:重庆紫石东南印务有限公司
装帧设计:王玉菊	开 本:889mm×1194mm 1/32
出版发行:西南师范大学出版社	印 张:6.5
网址:www.xscbs.com	字 数:163千
地址:重庆市北碚区天生路2号	版 次:2013年11月第1版
邮编:400715	印 次:2021年8月第7次印刷
电话:023-68868624	书 号:ISBN 978-7-5621-6364-0
经 销:新华书店	定 价:23.00元

前言 QIANYAN

自《管理思想史》教材出版以来,受到广大读者和考生的喜爱和好评。与此同时,也收到了很多学习者和考生的信息反馈,他们希望能够有一本与教材配套的高质量同步训练习题书,以满足他们对自身学习能力和效果的检查,消化吸收教材中学到的知识和理念,提高理论联系实践的能力和水平。

在整个《管理思想史·同步训练》编写过程中,编写组始终坚持以考试大纲为基准,以掌握知识和提升能力为目标,所精选的训练题都来源于教材,同时又注重考查学习者的思维能力和深度。我们为《管理思想史》教材的每一章编撰了知识网络图、学习目的与要求、考核重点和同步强化训练,并根据教材编制了三套全真模拟试卷,同时也选择四套历年考试真题供广大学习者参考。本习题集有以下四个特点。

第一,考查的知识点都是考试大纲规定之要求,也是最为基础和重要的。管理思想史是一门兼具管理与史学特点的课程,因而在知识点的布局和考点的安排上选择由浅入深、由易到难的逻辑顺序,选择了多样化的题型和章节考点。

第二,本书对考试基本要求、解题技巧以及题型展示与分析等学习者非常关心的问题都作了详尽的解答和分析,帮助考生做好学习本课程的定位,了解课程的性质和要求,知晓本课程考试的各种题型和解题方式,以达到事半功倍的学习效果。

第三,习题命制科学全面,采用多元命题角度,答案解析详尽,凸显新版教材在篇章结构上的改进和内容升华。本书将基础原理和专业知识紧密结合,形成精要的习题集,所选题目均具有很强的代表性。同时,为了帮助学习者在复习时做到面面俱到,我们也尽量对本书的内容做到全面涵盖。此外,知识网络图和习题集的强化训练能加强学习效果,提高对知识体系和应用领域的系统掌握能力。

第四,强调考生对知识的系统理解和灵活运用,多种题型对应不同的考查角度,注重信度和效度的统一。选择题和名词解释题着重考查考生对知识点的识记和理解能力;简答和论述着重考查考生对知识点的全面理解能力;案例分析题和计算题着重考查考生理论联系实践和方法应用的能力;新出现的写作题着重考查考生的专业动手实践能力。最后,三套全真模拟试题和四套往届考试真题可以帮助考生将整本书的逻辑进行整体构建,也可以提前感受正式考试的气氛,利于复习安排和心理调节。

最后,在本书的编写过程中,感谢肖蜀奉、吴潇航和姜士生对本书的章节布局、习题编纂和审核方面所做的诸多工作。希望本习题集能为大家带来实质性的帮助!

目录 MULU

第一章 绪 论 —— 1
- 知识网络　　　　　　　　　1
- 学习目的与要求　　　　　　1
- 考核重点　　　　　　　　　2
- 同步强化训练　　　　　　　2
- 参考答案及评析　　　　　　3

第二章 中国古代管理思想史 —— 5
- 知识网络　　　　　　　　　5
- 学习目的与要求　　　　　　7
- 考核重点　　　　　　　　　7
- 同步强化训练　　　　　　　7
- 参考答案及评析　　　　　　12

第三章 国外早期管理思想 —— 17
- 知识网络　　　　　　　　　17
- 学习目的与要求　　　　　　18
- 考核重点　　　　　　　　　18
- 同步强化训练　　　　　　　18
- 参考答案及评析　　　　　　22

第四章 工业革命时代管理思想形成与发展 —— 26
- 知识网络　　　　　　　　　26
- 学习目的与要求　　　　　　27
- 考核重点　　　　　　　　　27

同步强化训练	27
参考答案及评析	32

第五章　科学管理理论的产生与发展 —— 37
知识网络	37
学习目的与要求	38
考核重点	38
同步强化训练	39
参考答案及评析	45

第六章　组织理论的产生与发展 —— 51
知识网络	51
学习目的与要求	52
考核重点	52
同步强化训练	52
参考答案及评析	58

第七章　行为科学理论的产生和发展 —— 64
知识网络	64
学习目的与要求	65
考核重点	65
同步强化训练	66
参考答案及评析	75

第八章　现代管理理论概述 —— 85
知识网络	85

学习目的与要求　　　　　　　　　85
　　考核重点　　　　　　　　　　　86
　　同步强化训练　　　　　　　　　86
　　参考答案及评析　　　　　　　　88
第九章　现代管理理论的主要学派────── 91
　　知识网络　　　　　　　　　　　91
　　学习目的与要求　　　　　　　　93
　　考核重点　　　　　　　　　　　94
　　同步强化训练　　　　　　　　　94
　　参考答案及评析　　　　　　　 102
第十章　当代西方管理思想────────── 111
　　知识网络　　　　　　　　　　 111
　　学习目的与要求　　　　　　　 113
　　考核重点　　　　　　　　　　 113
　　同步强化训练　　　　　　　　 113
　　参考答案及评析　　　　　　　 118
第十一章　当代管理思想的发展趋势──── 124
　　知识网络　　　　　　　　　　 124
　　学习目的与要求　　　　　　　 125
　　考核重点　　　　　　　　　　 125
　　同步强化训练　　　　　　　　 126
　　参考答案及评析　　　　　　　 129

第十二章　中国当代的管理思想 —— 132
知识网络　132
学习目的与要求　133
考核重点　133
同步强化训练　133
参考答案及评析　135

附录一　管理思想史全真模拟试卷 —— 138
管理思想史全真模拟试卷(一)　138
管理思想史全真模拟试卷(二)　146
管理思想史全真模拟试卷(三)　155

附录二　管理思想史历年考试真题 —— 163
2013年4月高等教育自学考试　管理思想史试题卷(A)　163
2013年4月高等教育自学考试　管理思想史试题卷(B)　173
2012年10月高等教育自学考试统一命题考试
　管理思想史试卷(A)　182
2012年10月高等教育自学考试统一命题考试
　管理思想史试卷(B)　191

第一章 绪 论

知识网络

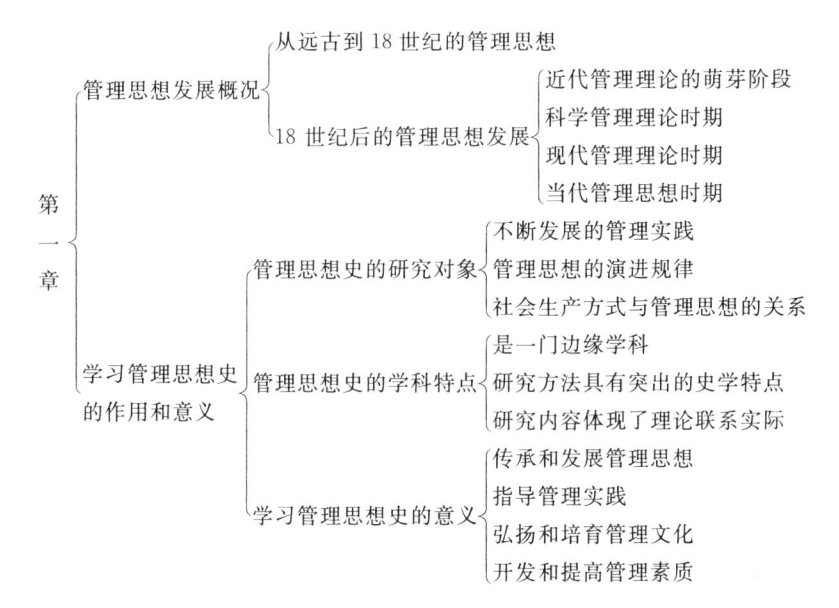

```
第一章
├─ 管理思想发展概况
│   ├─ 从远古到18世纪的管理思想
│   └─ 18世纪后的管理思想发展
│       ├─ 近代管理理论的萌芽阶段
│       ├─ 科学管理理论时期
│       ├─ 现代管理理论时期
│       └─ 当代管理思想时期
└─ 学习管理思想史的作用和意义
    ├─ 管理思想史的研究对象
    │   ├─ 不断发展的管理实践
    │   ├─ 管理思想的演进规律
    │   └─ 社会生产方式与管理思想的关系
    ├─ 管理思想史的学科特点
    │   ├─ 是一门边缘学科
    │   ├─ 研究方法具有突出的史学特点
    │   └─ 研究内容体现了理论联系实际
    └─ 学习管理思想史的意义
        ├─ 传承和发展管理思想
        ├─ 指导管理实践
        ├─ 弘扬和培育管理文化
        └─ 开发和提高管理素质
```

学习目的与要求

通过对本章的学习,了解管理思想的发展概况,掌握管理思想史的发展阶段;使考生对学习管理思想史这门课程的目的和意义有更深刻的认识。本章要求考生识记管理思想史的不同发展阶段、研究对象、学科特点以及学习管理思想史的意义。

考核重点

1. 管理思想史的发展阶段。
2. 管理思想史的研究对象。
3. 管理思想史的学科特点。
4. 学习管理思想史的意义。

同步强化训练

一、单项选择题

1. 对管理思想史的研究总体上可分为（　　）阶段。
   A. 两个　　　B. 三个　　　C. 四个　　　D. 五个
2. 18 世纪后的管理思想发展可分为（　　）时期。
   A. 两个　　　B. 三个　　　C. 四个　　　D. 五个
3. 近代管理理论的萌芽阶段为（　　）。
   A. 18 世纪末到 19 世纪末　　B. 18 世纪到 19 世纪末
   C. 17 世纪到 18 世纪末　　　D. 17 世纪到 19 世纪末
4. 空想社会主义代表人物之一的罗伯特·欧文，他关心工人的工作和福利条件，注重对工人的行为教育，因而他被称为（　　）。
   A. 现代人事管理之父　　B. 现代组织管理之父
   C. 现代动作管理之父　　D. 现代制度管理之父

二、多项选择题

1. 18 世纪后的管理思想发展可分为（　　）。
   A. 科学管理理论时期　　　B. 现代管理理论时期
   C. 当代管理思想时期　　　D. 近代管理理论的萌芽阶段
   E. 近代管理理论时期

2.学习管理思想史的意义( )。
　　A.传承和发展管理思想　　　　B.指导管理实践
　　C.弘扬和培育管理文化　　　　D.开发和提高管理素质
　　E.促进管理思想的发展
3.管理思想史的学科特点有( )。
　　A.管理思想史是一门边缘学科
　　B.管理思想史在研究方法上具有突出的史学特点
　　C.管理思想史的研究内容体现了理论联系实际
　　D.管理思想史的学科属性与思想政治教育领域具有交叉性
　　E.管理思想史是一门重实践轻理论的学科

三、简答题

1.简述管理思想史的研究对象。
2.管理思想史的学科特点。

四、论述题

怎样理解学习管理思想史有助于全面提高学习者的管理水平和管理能力？

参考答案及评析

一、单项选择题
1.A　2.C　3.B　4.A
二、多项选择题
1.ABCD　2.ABCD　3.ABC
三、简答题
1.答：管理思想史的研究对象，既包括管理实践，又包括管理思想、管理理论及三者之间的辩证关系，以及社会生产方式的变革与管理思想演变的相互关系等。
（1）研究不断发展的管理实践。

(2)研究管理思想的演进规律。

(3)研究社会生产方式与管理思想的关系。

2.答:(1)管理思想史是一门边缘学科。

(2)管理思想史在研究方法上具有突出的史学特点。

(3)管理思想史的研究内容体现了理论联系实际。

四、论述题

答:管理思想史是从管理的角度了解人类文明史的窗口。通过这个窗口,我们可以清楚地看到生产力与生产关系、经济基础与上层建筑的矛盾运动是人类社会发展的根本动力,从而进一步强化马克思主义唯物史观,在思想理论上更加成熟;通过这个窗口,我们可以开阔视野,增强对外开放积极性和主动性,使我们站得更高看得更远;通过这个窗口,我们可以学到古今中外的管理经验和管理知识,进而提高我们的管理水平和管理能力。所以,学习管理思想史有助于全面提高学习者的素质。

第二章　中国古代管理思想史

知识网络

- 第二章
  - 中国先秦时期管理思想
    - 先秦时期管理思想概况
      - 先秦时期管理思想的发展变化
      - 先秦时期管理思想的主要内容
    - 先秦时期著名的管理思想
      - 1. 老子
      - 2. 孔子
      - 3. 孟子
      - 4. 商鞅
      - 5. 孙子
      - 6. 管子
    - 先秦时期管理思想的基本特征
      - 1. 人是管理的重心
      - 2. 组织与分工是管理的基础
      - 3. 农本商末的治国理念
      - 4. 重义重情的管理价值观
      - 5. 运用计谋实现管理目标
      - 6. 中庸是管理行为的尺度
  - 中国秦朝至唐朝时期的管理思想
    - 秦朝至唐朝管理思想概况
      - 秦朝至唐朝管理思想的历史演变
      - 秦朝至唐朝管理思想的主要内容
      - 秦朝至唐朝管理思想的特点
    - 秦汉时期的管理思想
      - 秦始皇的集权管理思想
      - 汉高祖的"无为而治"管理思想
      - 汉武帝"有为而治"管理思想
      - 桑弘羊的经济管理思想
    - 三国两晋南北朝的管理思想
      - 曹操的管理思想
      - 诸葛亮的管理思想
      - 贾思勰的农业经营管理思想

```
                                                         ┌ 隋文帝的管理思想
                                   ┌ 隋唐时期的管理思想 ┤ 唐太宗的管理思想
                                   │                     │ 武则天的管理思想
                                   │                     └ 刘晏的财政管理思想
                                   │
                                   │ 宋朝至前清时期的管理实践 ┌ 国家管理实践
                                   │                          └ 其他典型管理实践
                                   │                                    ┌ 宋太祖
                                   │                     ┌ 宋朝名家的管理思想 ┤ 王安石
                                   │                     │                    └ 朱熹
         中国宋朝至前清              │                     │
         时期的管理思想 ┤ 宋朝至前清时期 ┤ 元朝名家的管理思想 ┤ 忽必烈
                                   │ 的名家管理思想     │                    └ 许衡
                                   │                     │
                                   │                     │ 明朝名家的管理思想 ┤ 朱元璋
                                   │                     │                    └ 朱棣
                                   │                     │                    ┌ 康熙
                                   │                     └ 前清时期名家     ┤ 洪亮吉
                                   │                       的管理思想         └ 黄宗羲
                                   │
                                   └ 宋元明清时期管理思想的主体特征


                                                ┌ "计篇"是孙子兵法的全篇之首
                      ┌ 孙子的系统管理思想 ┤ "将"是组织中的领导者、管理者
                      │                         └ "将"的素质:智、信、仁、勇、严
                      │
         兵家的管理思想 ┤ 关于组织心理(精诚团结和昂扬士气)
                      │ 关于组织编制
                      └ 关于分级管理

                      ┌ 墨家管理思想的核心:兼爱、交利
第二章 ┤ 墨家的管理思想 ┤                         ┌ 发展生产
                      │ 墨子的强力事本和控制 ┤ 满足民求
                      │                         │ 发展农业
                      └ 手工业的生产管理思想 └ 限制非农业

                      ┌ 经济管理目标:轻重之势
         轻重家的管理思想 ┤ 经济管理的理论指导:轻重之学
                      └ 经济管理的措施和方法:轻重之术
```

学习目的与要求

通过对本章的学习,了解中国古代管理思想的基本情况。在我国古代的思想中,历代都不乏有价值的管理实践,长期的管理实践丰富了我国的管理思想。中国古代的大思想家和大理论家都为我国的管理思想作出了积极的贡献。通过对我国古代管理思想的进一步学习,认识和领会我国博大精深的管理思想。本章要求考生识记我国古代管理家在管理思想方面的理论精髓。

考核重点

1. 儒家的管理思想。
2. 道家的管理思想。
3. 法家的管理思想。
4. 兵家的管理思想。
5. 墨家的管理思想。
6. 轻重家的管理思想。

同步强化训练

一、单项选择题

1. （　　）的"道法自然"思想,接近于发现自然界存在着不受任何神力主宰的客观规律。
   A. 孔子　　　B. 孟子　　　C. 老子　　　D. 孙子
2. "为政以德"是春秋时期（　　）提出的治国思想。
   A. 老子　　　B. 孙子　　　C. 孔子　　　D. 孟子
3. 管子认为,（　　）,惟其如此,事君才不至于有二心。
   A. 达人民之所愿,予百姓之所需

B. 心之在体,君之位也
C. "德"与"能"不可偏废
D. 既有"自利"之德,又有"利人"之德

4. 孟子认为( )是人们修身治国平天下所应遵循的重要原则。
   A. 人性本善　　　　　　　B. 义利统一
   C. 以德服人　　　　　　　D. 施行"仁政"

5. "不慕古,不留今,与时变,与俗化"是( )所强调的管理者应有的创新精神。
   A. 孙子　　　B. 管子　　　C. 孟子　　　D. 老子

6. "教民耕战"是春秋战国时期( )提出的基本国策。
   A. 孟子　　　B. 管子　　　C. 商鞅　　　D. 孙子

7. 孙子认为必须以"智、信、仁、勇、( )"作为衡量将帅的标准。
   A. 强　　　　B. 严　　　　C. 贵　　　　D. 和

8. 汉高祖将( )的思想作为自己的指导思想。
   A. 有为而治　B. 依法而治　C. 无为而治　D. 依赋而治

9. 汉武帝将( )的思想作为自己的指导思想。
   A. 有为而治　B. 依法而治　C. 无为而治　D. 依赋而治

10. 先秦时期管理思想颇为丰富,除道家学派外,几乎先秦各学派均有自己独创的( )。
    A. 人口管理思想　　　　　B. 劳动人事思想
    C. 经济管理思想　　　　　D. 价格管理思想

11. 先秦时期管理思想颇为丰富,几乎先秦各学派均有自己独创的价格管理思想,除( )之外。
    A. 墨家　　　B. 法家　　　C. 道家　　　D. 儒家

12. 对管理者素质要求方面提出"见素抱朴、少私寡欲"的是( )。
    A. 老子　　　B. 孔子　　　C. 荀子　　　D. 韩非子

13. "无为而治"管理思想的提出者是( )。

A.孔子　　　B.孟子　　　C.老子　　　D.管子

14. "以礼治国"管理思想的提出者是（　　）。

　　A.孔子　　　B.孟子　　　C.老子　　　D.管子

15. 《孙子兵法》一书蕴含了丰富的军事思想和管理思想，其中能体现其最高境界的是（　　）。

　　A.知己知彼，百战不殆　　B.兵无常势，水无常形
　　C.运用之妙，存乎一心　　D.不战而屈人之兵

16. "民为贵，社稷次之，君为轻"体现了中国古代管理思想中（　　）的管理思想。

　　A.管理者要学会认人之方　　B.管理国家应"以人为本"
　　C.管理者要懂得用人之道　　D.管理者必须"爱人贵民"

17. 孙子认为，"兵无常势，水无常形，能因敌变化而取胜者，谓之神"。这一思想强调的是在实现管理目标的过程中要（　　）。

　　A.以谋取胜　　　　　　　B.强调权变
　　C.思先于行　　　　　　　D.重义轻利

18. 诸葛亮在《前出师表》中谆谆劝告刘禅"亲贤臣，远小人，此先汉所以兴隆也。亲小人，远贤臣，此后汉所以倾颓也"。这一阐述所表达的是诸葛亮选贤任能中（　　）。

　　A.不拘一格选拔人才的思想　　B.因人而用的用人思想
　　C.重视人才的思想　　　　　　D.选贤任能的思想

19. 下面体现南宋时期的大思想家、教育家朱熹人性管理思想的是（　　）。

　　A."存天理，灭人欲"　　　B."立志"
　　C."省察"　　　　　　　　D."量入为出、取予适当"

二、多项选择题

1. 中国古代管理思想史主要分为（　　）。

　　A.先秦时期　　　　　　　B.先秦至唐朝时期
　　C.唐朝至宋朝时期　　　　D.宋朝至前清时期
　　E.远古时期

2.管子所强调的管理者应有的创新精神是(　　)。
　A.与时变　　B.不慕古　　C.与俗化
　D.不留今　　E.立身化民

3.管子的"四民分业",强化了(　　)等方面的社会分工。
　A.商　　　　B.农　　　　C.士
　D.工　　　　E.贾

4.管子强调考核官员的内容主要是(　　)。
　A.能力与其地位是否相称　　　B.德望与其地位是否相称
　C.功绩与其俸禄是否相称　　　D.能力与其官职是否相称
　E.德望与官职是否相称

5.孟子认为人的本性是善良的,人性并不是指人生来就有的一切本能,而是指人与其他动物不同的、使人成其为人的那些特性,因为人有(　　)。
　A.恻隐之心　B.羞恶之心　C.恭敬之心
　D.是非之心　E.义利之心

6.为了强化国家统治,商鞅善于运用(　　)等多重管理手段。
　A.行政　　　B.法律　　　C.税收
　D.价格　　　E.军事

7.秦朝至唐朝时期的管理思想可分为(　　)阶段。
　A.三国两晋南北朝　　　　　　B.隋唐
　C.元朝　　　　D.秦汉　　　　E.宋朝

8.三国两晋南北朝时期管理思想的主要代表人物有(　　)。
　A.曹操　　　B.诸葛亮　　C.贾思勰
　D.桑弘羊　　E.刘晏

9.隋唐时期管理思想的主要代表人物有(　　)。
　A.武则天　　B.隋文帝　　C.唐太宗
　D.刘晏　　　E.桑弘羊

10.《孙子兵法》一书的管理价值主要体现在包含了(　　)。
　A.战略管理　B.信息管理　C.人才管理
　D.权变管理　E.军事管理

11.下面与史实相符合的有(　　)。
　　A.孔子提出"以礼治国"的治国思想
　　B.荀子提出"礼法结合"的治国思想
　　C.老子提出"无为而治"的治国思想
　　D.法家思想家提出"以法治国"的治国思想
　　E.孟子提出"修身治国"的治国思想
12.商鞅的管理思想主要包括(　　)。
　　A.教民耕战　　B.依法治国　　C.论功封爵
　　D.限商保农　　E.养民为先
13.下面能体现重义重情的管理价值观的有(　　)。
　　A.重义轻利　　　　　　　B.义利兼得
　　C.晓之以理,动之以情　　D.执其两端,庸其中于民
　　E.恩威并重
14.主张运用计谋实现管理目标的是(　　)。
　　A.上下同欲者胜　　B.以谋取胜　　C.强调权变
　　D.思先于行　　　　E.爱人贵民
15.汉武帝"有为而治"的管理思想主要体现在(　　)。
　　A.罢黜百家,独尊儒术　　　B.削弱诸王,打击富豪
　　C.掌握财政,控制经济　　　D.大展宏图,求贤任能
　　E.建立法制减轻刑罚
16.隋文帝被公认为是才智最高的皇帝,也是最仁慈的圣皇天子。他在管理制度改革方面的主要措施有(　　)。
　　A.改革中央机构,实行三省六部制
　　B.改革地方机构,实行州、县二级制
　　C.改革用人制度,创立科举制
　　D.改革法律制度,实行《开皇律》和改革府兵制度,实行"兵农合一"
　　E.以农为本,食为政首
17.康熙帝为了解决人口问题,出台的主要措施包括(　　)。
　　A.奖励垦荒　　B.推广农作物　　C.输入洋米

D.藏富于民　　E.推行"圈地令"
18.前清时期,管理思想的主要代表人物有(　　)。
A.康熙　　　B.洪亮吉　　　C.黄宗羲
D.朱棣　　　E.忽必烈

三、简答题

1.简述《孙子兵法》的管理价值。
2.简述孟子"以德服人"的管理理念。
3.简述刘晏的财政管理思想。
4.简述宋元明清时期管理思想的主要特征。

四、论述题

1.试论商鞅的管理思想。
2.试论管子"与时变"的管理创新精神。
3.试论先秦时期管理思想的基本特征。
4.论述汉高祖"无为而治"的管理思想。

参考答案及评析

一、单项选择题
1.C　2.C　3.D　4.B　5.B　6.C　7.B　8.C　9.A　10.D　11.C　12.A　13.C　14.A　15.D　16.B　17.B　18.C　19.A

二、多项选择题
1.ABCD　2.ABCD　3.ABCD　4.BCD　5.ABCD　6.ABCD　7.ABD　8.ABC　9.ABCD　10.ABCD　11.ABCD　12.ABCD　13.ABC　14.BCD　15.ABCD　16.ABCD　17.ABC　18.ABC

三、简答题
1.答:《孙子兵法》一书的管理价值体现在包含有丰富的战略管理、信息管理、人才管理、权变管理等方面的思想。《孙子兵法》是中国古代文化的瑰宝,其伟大之处主要体现在三个跨越上:一是时间的跨越。《孙子兵法》诞生在2500年前的冷兵器时代,但它的思想却跨越到了高度文明的现代社会。虽然战争所使用的武器已从当年的战车、长矛、大刀发展到如今的飞机、大炮甚至核武器,但《孙子兵法》的影响却不减当年。二是空间的跨越。《孙子兵法》诞生在中国土地上,却跨越到西方及世界各地,共计有一二十种外文译本在世界各地流传。三是领域的跨越。它原属总结战争规律的兵书,现在却跨越到政治、经济、文化、体育等领域,其基本思想已被广泛运用,而且屡见成效。

2.答:孟子主张对被管理者要以德服人,反对以力服人,主张说服教育,反对压制惩罚。管理者对被管理者是以权压人,单纯靠规章制度惩罚人,还是靠说服教育、靠道德感化,使被管理者心服口服,这是两种不同的管理方式。主张"以德服人"实际上就是古代的情感管理方式,是孟子管理思想的重要特点。

3.答:刘晏的理财活动,体现了丰富的财政管理思想,可归纳为五个方面:(1)"养民为先"。(2)"取人不怨"。(3)重视发展商业。(4)重视发展货币经济。(5)重视培养财政人才。综上所述,刘晏在理财过程中表现的工作方式和管理才能令人叹服。

4.答:宋元明清时期有代表性的管理思想,归结起来有如下四个基本特征:(1)以维护君主的统治为管理目标。(2)"以人为本"的管理思想。(3)治国思想以儒家思想为主体。(4)突出"以农为本"的治国理念。

四、论述题

1.答:商鞅(公元前390～公元前338),卫国国君的后裔,本名公孙鞅,又称卫鞅,后因封地商,故而世称商鞅。商鞅在主持变法的过程中,制定的一些具体政策措施,全面贯彻了"治世不一道,便国不必法古"这一总的管理思想。

(1)"教民耕战"的基本国策。商鞅说:"国之所以兴者,农战也","国待农战而安,主待农战而尊"。只有农民由于朴实可信,安土重迁,故而最便于听从朝廷的驱使,平日在家务农,战时应征入伍。他们既是粮秣、战马和运输工具等各种军需物资的可靠供应者,又是兵力持续补充的重要来源,从而,以农养战,平战结合,"富强之功可坐而致也"。

(2)依法治国的治国方略。商鞅对于如何管理国家这个问题,坚持不法古,不循礼,反对以"仁义"说教的儒家思想。他说,唯有"以刑治,民则乐用;以赏战,民则轻死"(《商君书·弱民》)。这样,才能达到"以刑去刑","以战去战"(《商君书·画策》)的目的,因此,非以"法治"无以治国平天下。

(3)论功封爵的吏治准则。废除世卿世禄旧制,除了从事农战以外,不得授予官爵。"是故不以农战,则无官爵。"(《商君书·农战》)商鞅明令奖励耕织,奖励军功,规定"粟爵粟任","武爵武任"(《商君书·去强》),即允许人们纳粟换爵,按军功大小授予二十级不同的爵位。此项改革是与当时普遍推行的县制结合在一起进行的,旨在加强中央集权。

(4)综合治理的管理手段。为了强化国家统治,商鞅善于运用行政、法律、税收、价格等多重管理手段。为了控制商业人口,运用行政、法律手段做出了一些相应规定:根据商人家庭的人口,摊派徭役。他们的一切大小奴仆,均须在官府中注册登记,由官府轮番安排,承担徭役;通过管制粮食贸易,不让商人买卖粮食,他们无利可图,就会想着要弃商务农。为了促使农民安心从事农业生产,他还运用税收、价格等经济手段进行调控管理,诸如:根据单位面积的实际粮食产量,按亩纳税,国家对任何人一视同仁,以示负担公平;通过提高粮食价格,鼓励务农;统一度量衡制,为国家赋税征收提供基础。

2.答:管子非常强调管理者的创新精神,"不慕古、不留今,与时变、与俗化"是对其创新思想的高度概括。"不慕古"反对的是因循守旧、抱残守缺;"不留今"是提示人们不要受现实所惑,陶醉于今日的成就中;"与时变"倡导的是因时而变,顺应潮流;"与俗化"即随着习俗一起发展。所谓"俗",是指民间自然形成的事物,而非因循守旧制度之规定,这其实就是一种制度创新。

3.答:(1)人是管理的重心。①管理国家应以人为本,"以人为本"的思想在中国古代管理思想中始终占主导地位。②管理者必须

"爱人贵民"。儒家主张管理者要关心人,对人民实行宽惠,使管理者与被管理者之间建立和保持和谐的关系,孔子首推"爱人贵民"的管理思想。③管理的成败在于用人,选贤是中国历代统治者和思想家都十分重视的大问题。④管理者要学会识人之方。

(2)组织与分工是管理的基础。①层次分明的组织体系。②劳动分工的思想。③明确组织内的相互关系,中国古代管理思想十分强调明确社会成员的相互关系。④家庭是最基本的组织形式,自古到今,家在中国人心中一直有着神圣的地位,儒家和法家的富国富民之学都是把一家一户作为一个单位,以男耕女织的个体农业作为社会生产的基本形式。

(3)农本商末的治国理念。①倡导以农富国。②强调保农限商。③主张以农固国。

(4)重义重情的管理价值观。①重义轻利的价值观,义与利,是关于道德行为与物质利益的关系问题,既是道德问题也是管理准则。②义利兼得的价值观。③突出情对人的影响作用,中国古人一直奉行"晓之以理,动之以情"的管理原则。

(5)运用计谋实现管理目标。①以谋取胜为上策。②强调权变观念。《易经》的主导思想就是一个变字,"为变所适"。孔子就是一个能适应环境变化、善于权变的人。③思先于行的管理思想,运用计谋在于创新,创新依赖于深思熟虑。中国人一贯主张"三思而后行"。

(6)中庸是管理行为的尺度。①把中庸作为道德标准,中庸思想在中国古代管理思想中始终占重要地位,孔子认为处理事情不偏不倚、无过无不及的态度,是最高的道德标准。②把中庸作为决策准则,儒家不仅把中庸作为美德,而且还把它作为管理决策的基本原则和方法,以求对立两端的统一与中和。

4.答:刘邦即位之初,社会形势严峻,医治战争创伤、稳定社会秩序、迅速恢复经济,就成了新王朝存在下去的迫切任务。为此,汉高祖将"无为而治"的思想作为自己的指导思想。其理论依据是:"我无为而民自化,我好静而民自正,我无事而民自富,我无欲而民自朴。"(1)行政组织,延秦旧制。为了维持政权的稳定,汉初基本上保持秦朝旧制,中央集权的本质丝毫没有变动,只是个别官职的名称略有变易。但是,汉高祖认为秦朝灭亡的重要原因之一是没有分封宗室以为藩翼,于是他让兄弟子侄分封各地为王。(2)建立法制,减轻刑罚。汉高祖重视建立法制,由萧何定律令,韩信定军法,叔孙通定朝仪。通过推行这些基本准则,在较短时间内使社会秩序迅速安定下来,为政府开展各项恢复与建设事业提供了前提条件。当时提出了"德主刑辅",即以教化为主,刑罚为辅,达到刚柔并济、宽严相当的统治效果。(3)释放奴婢,罢兵归田。诏令因饥饿而自卖为人奴婢者"皆免为庶人",恢复平民的身份,这对发展农业生产和增加国家税收是非常有利的。战争平息之后,立即裁减军队,为此制定优抚条例,分给所有复原官兵以较好的田宅,使他们成为自耕农,成为恢复农业生产的一支重要力量。(4)轻徭薄赋,力主节俭。汉高祖为了让百姓得以休养生息,实行了轻徭薄赋的政策。开国以后,一再宣告除秦暴政,改变秦朝沉重的赋税、徭役制度。同时,汉高祖也注意紧缩开支,这对经济的恢复与发展也有促进作用。汉高祖刘邦"无为而治"管理思想的实践,不仅安抚了人民,也促进了汉代雍容大度的文化基础。他对汉民族的形成和中国的统一强大及汉文化的保护发扬有决定性的贡献。

第三章　国外早期管理思想

知识网络

- 第三章
  - 西方古代社会的管理思想
    - 古代埃及的管理思想：管理跨度
    - 古代巴比伦王国的管理思想：《汉谟拉比法典》
    - 古希腊的管理思想
      - 苏格拉底：精神助产术
      - 色诺芬：《家庭管理》
      - 柏拉图：《理想国》
      - 亚里士多德：《政治学》
    - 古罗马的管理思想
    - 宗教和古代管理思想
  - 中世纪的管理思想
    - 托马斯·阿奎那："神学之父"
    - 尼克罗·马基雅维利的管理思想
      1. 从唯心主义观点出发，把"权力欲望"和"财富欲望"看成是人性的基础。
      2. 认识到人民在国家生活中的重要性。
      3. 对领导者的素质和领导方法进行了阐述。
    - 托马斯·莫尔的管理思想：《乌托邦》
  - 文艺复兴与管理思想的发展
    - 文艺复兴运动：人文主义
    - 文艺复兴对管理思想发展的影响
      1. 促进人格解放，还人以本来面目
      2. 为工业革命时期做准备
      3. 哥白尼发表《天体运行论》

学习目的与要求

通过对本章内容的学习,了解国外早期管理思想的发展状况。西方古代社会的管理思想、中世纪的管理思想以及文艺复兴时期的管理思想的发展都为西方社会后来在管理思想方面的蓬勃发展做了很好的理论积淀。本章要求考生识记国外早期管理理论在各阶段的表现形式以及其代表人物的基本思想和经典著作中蕴含的早期管理理论。

考核重点

1. 早期希腊文化的主要成就。
2. 古希腊的管理思想及其杰出管理思想家的经典著作。
3. 阿奎那的管理思想。
4. 马基雅维利的管理思想。
5. 空想社会主义者莫尔的管理思想。
6. 文艺复兴对管理思想发展的影响。
7. 格札里提出的王者的品质和不能有的四种缺陷。

同步强化训练

一、单项选择题

1. 希伯来人很善于利用(　　)来控制人和管理国家。
   A. 宗教　　　　B. 法律　　　　C. 政治　　　　D. 文化
2. 古巴比伦人的许多管理思想都体现在法律上,他们在法律上做出了民事控制、事故责任、生产控制与激励以及(　　)等规定。
   A. 最短工时　　　　　　　　B. 最长工时
   C. 最高工资　　　　　　　　D. 最低工资

3.(　　)首先认识到责任不能推诿给下级这一原则。
  A.古埃及人　　　　　　　B.古巴比伦人
  C.古希腊人　　　　　　　D.古罗马人
4.古埃及人在管理中已有了萌芽状态的(　　)、例外原则、授权等思想。
  A.法律制度　　　　　　　B.议会制
  C.管理咨询制度　　　　　D.分权制度
5.下列通过国家范围的分工体现其管理思想的是(　　)。
  A.苏格拉底　　　　　　　B.柏拉图
  C.色诺芬　　　　　　　　D.亚里士多德
6.古希腊最出色的改革家和思想家提出了有关的管理思想,他们是:苏格拉底、色诺芬、亚里士多德和(　　)。
  A.贾图　　B.瓦罗　　C.阿奎那　　D.柏拉图
7.首先意识到现代企业的某些性质,首创性地采取类似现代股份制公司的形式,向公众出售股票的是(　　)。
  A.古希腊　　　　　　　　B.古罗马
  C.日耳曼　　　　　　　　D.中世纪的英国
8.作为古希腊最出色的改革家和思想家,苏格拉底、柏拉图、亚里士多德提出了有关管理思想,除了此三人之外还有(　　)。
  A.瓦罗　　B.贾图　　C.阿奎那　　D.色诺芬
9.《理想国》是(　　)的代表作。
  A.苏格拉底　　　　　　　B.柏拉图
  C.色诺芬　　　　　　　　D.亚里士多德
10.最早用音乐来规定劳动动作、愉悦劳工心态的是(　　)。
  A.古埃及人　　　　　　　B.古巴比伦人
  C.古希腊人　　　　　　　D.古罗马人
11.巴比伦的商业交易大都是在(　　)上刻上文书作为控制手段。
  A.羊角　　B.石板　　C.竹简　　D.木板
12.古巴比伦的纺织女工工资是以食物形式支付的,而其数额则取决于每个女工的（　　）。这是早期的计件工资制,的确是一种基本的和有高度刺激性的工资制度。

A.产品大小　　　　　　　B.产品质量

C.生产量　　　　　　　　D.工作时长

13.古罗马人发展了一种类似工厂的体制。第一个类似公司的组织以（　　）的形式出现,它向公众出售股票,以便履行为支持战争而签订的政府合同。

A.全民所有制企业　　　　B.集体所有制企业

C.有限责任公司　　　　　D.股份有限公司

14.马基雅维利认为,一个君主如果没有（　　）而只有多变的政策,很快就会使整个国家陷入混乱。

A.宗教　　　B.法律　　　C.政治　　　D.文化

15.历史上首先意识到"管理跨度"的实践者是（　　）。

A.古埃及人　　　　　　　B.古希腊人

C.古巴比伦人　　　　　　D.古罗马人

16.关于领导者素质的名言——"我们要比狮子还勇敢,比狐狸还狡猾"的提出者是（　　）。

A.马斯·阿奎那　　　　　B.托马斯·莫尔

C.汉密尔顿　　　　　　　D.马基雅维利

17.马基雅维利的人性论是（　　）。

A.人性本恶论　　　　　　B.人性本善论

C.经济人　　　　　　　　D.社会人

18.在跨度管理方面,（　　）的规律是埃及人的实践做法,这对希伯来人产生了影响。

A."以八为限"　　　　　　B."以九为限"

C."以十一为限"　　　　　D."以十为限"

19.能被称为古代巴比伦王国社会管理全书的是（　　）。

A.《普塔-霍特普教诲书》　B.《汉谟拉比法典》

C.《荷马史诗》　　　　　D.《家庭管理》

20.苏格拉底把通过谈话、提问、揭露矛盾,进而从个别求得一般的方法叫做(　　)。
   A.精神培养术　　　　　B.精神刺激术
   C.精神助产术　　　　　D.精神催眠术

21.色诺芬认为检验管理水平高低的标准是(　　)。
   A.财富是否得到增加　　B.社会是否进步
   C.文化是否发展　　　　D.政治是否更加开明

22.托马斯·阿奎那是中世纪神学家和经院哲学家,出生于意大利的贵族家庭。他被中世纪奉为(　　)。
   A."哲学之父"　　　　　B."神学之父"
   C."动作研究之父"　　　D."科学管理理论之父"

23.马基雅维利论述了领导者的素质问题。在他的著作《君主论》中,第一次运用了(　　)方法,说明了一个君主应该具备的条件和才能。
   A.问卷调查　　　　　　B.摆事实,讲道理
   C.案例分析　　　　　　D.案例讲解

二、多项选择题

1.古希腊的管理思想十分丰富,这一时期涌现出一批出色的管理者,他们是(　　)。
   A.苏格拉底　　B.柏拉图　　C.亚里士多德
   D.希罗多德　　E.色诺芬

2.古希腊最出色的改革家、思想家有(　　)。
   A.色诺芬　　　B.亚里士多德　　C.马基雅维利
   D.苏格拉底　　E.希罗多德

3.下列关于马基雅维利的管理思想表述正确的有(　　)。
   A."权力欲望"和"财富欲望"是人性的基础
   B.人民在国家生活中有重要作用
   C.领导者要比狮子更勇敢,比狐狸更狡猾

D.用民主的方式选举官吏,治理国家

E.整个社会经济按照一定统一原则进行管理

4.下列属于西方古代社会的管理思想的有( )。

A.古埃及　　　　　　　　B.古巴比伦王国

C.古希腊　　　　　　　　D.古罗马

5.在西欧中世纪的思想家中,对管理思想的发展具有一定启示的有( )。

A.托马斯·阿奎那　　　　B.贾图

C.马基雅维利　　　　　　D.莫尔

三、简答题

1.简述古罗马农庄管理提供的基本经验。

2.简述格札里提出的王者的品质和不能有的四种缺陷。

3.文艺复兴时期的主要社会思潮是人文主义,它的核心是什么?

四、论述题

1.试论马基雅维利的管理思想。

2.试论文艺复兴对管理思想发展的影响。

参考答案及评析

一、单项选择题

1.A 2.D 3.B 4.C 5.B 6.D 7.B 8.D 9.B 10.C 11.B 12.C 13.D 14.B 15.A 16.D 17.A 18.D 19.B 20.C 21.A 22.B 23.C

二、多项选择题

1.ABCE 2.ABD 3.ABC 4.ABCD 5.ACD

三、简答题

1.答:古罗马农庄管理提供了许多管理方面的经验。古罗马人运用明智讲理和良好管理的方法来解决农庄管理问题。提出农庄主在视察农庄时,应该注意工作的进展情况,有些什么事情已做好,还有些什么事情没有做,然后他应该把监工人员召集来并要他们报告已做了些什么事情,并询问为什么未能完成其余的事情。农庄主应该给监工一份全年的书面工作计划。对监工来说,应承担维持纪律等职责。

2.答:格札里提出的王者的品质是公正、智慧、耐心、谦虚。不能有的四种缺陷是嫉妒、傲慢、狭隘、怨恨。

3.答:人文主义的核心是肯定人,注重人性,要求把人、人性从宗教束缚中解放出来。这种人文主义思想,主要是反对神学中抬高神而贬低人的观点,肯定人的价值,强调人的可贵,追求人的个性解放和自由平等,推崇人的经验和理性,提倡认识自然、造福人生。

四、论述题

1.答:马基雅维利被称为"政治学之父"。他主张结束当时意大利的政治分裂,建立一个统一而强大的君主国。他提出的与管理有关的原则有以下四点。

(1)必须依靠群众的同意。马基雅维利经常重申这样的观点,所有的政府,不论是君主制、贵族制或民主制,其持续存在都依赖于群众的支持。君主可能通过武力或继承而登上王位,但要牢固地控制国家,还必须得到群众的支持。他的这种主张事实上是权力接受论,即权力的根源是自下而上的,而不是自上而下的。他还指出,如果一位君王既可以通过贵族获得权力也可以通过人民获得权力,那他就应该明确地选择后者。

(2)组织要有内聚力。马基雅维利认为,组织中内聚性的原则也在于能使国家持续存在。一个君主能维持组织统一的最有效的方法就是紧紧地抓住自己的朋友。组织内聚力的一个关键因素是使人民确实知道他们可以指望自己的君主,以及君主期望于他们的是什么——责任明确性原则。一个君主如果没有法律而只有多变的政策,很快就会使整个国家陷入混乱。

(3)领导要有领导技艺。马基雅维利认为,一个领导者应该成为人民的榜样并鼓舞他的人民从事伟大的事业。要注意所有的集团,时时同他们打成一片,以自己的博爱和仁慈为他们树立榜样,但始终要维持他的尊严,在任何事情上都不能丧失。应该奖赏那些有益于城市和国家的人,保证他的公民不至于不公平地被剥夺自己的物品,以此来鼓励他们从事自己的职业和使命。要善于对事件和人民进行观察,识别忠诚于他的贵族和只是追求自己利益的贵族。他必须能够认识这两种人并使他们有利于自己。当机会到来时,要善于利用,但并不是以一种欺诈的方式。

(4)领导者一定要有使组织存在下去的意志。马基雅维利认为,任何组织的主要目标之一是使自己存在下去。政府机构、宗教团体、公司等,全都努力使自己永远存在下去。因而他提出这样的建议,一个君主应该像罗马人那样经常警惕着混乱状态,以便及时予以扑灭。当他的王国处于存亡关头时,君王有权采取严酷的措施。在必要时,抛开所有道德上的借口,背弃任何已不再有用的誓言。马基雅维利所提出的管理原则是为了君王能够成功地管理一个国家,但同样也适用于管理其他组织,因此对以后的管理思想发展有相当大的影响。

2.答:文艺复兴冲破了封建制度、封建思想和封建教会的束缚,弘扬了人文主义精神,使人类精神、人类的思想和社会生产力获得了空前的解放,人文科学、自然科学得到蓬勃发展,为管理思想的发展开辟了新的境界。

(1)确立了以人为本的思想。从管理思想的意义上说,文艺复兴运动的重要成果是使"人成为管理的主体"有了思想和社会的基础,管理要靠人、管理要研究人、管理要服务于人,管理思想的发展从此进入一个新的境界。

(2)科学得到发展,知识的地位上升。同教会神学的斗争中,人文科学得到了发展,科学的发展不仅有力地证明了神学的荒诞,而且也成为推动社会发展的巨大动力,同时,也为管理从实验走向科学,提出了要求与可能。"人文主义"者大力倡导科学精神,培根提出了

"知识就是力量"。科学及拥有知识的人在社会中的地位有了新的提高,这一社会氛围,对管理思想的科学化具有深远影响。

(3)社会生产力的发展促进管理思想的发展。文艺复兴给社会带来了民主、自由、创新的气息,政治、法律、经济等社会生活的各个方面都充满了新的生机。文艺复兴和宗教改革必然与根本的经济变革同时发生。贸易、航运、海外旅行开阔了人们的视野,文艺复兴和宗教改革推动了思想解放,使局限的狭隘范围内的地中海贸易扩大成为世界性的经济活动,商业额和消费品的种类大量增加,银行业迅速发展,信贷业务发展到异地支付、兑现的水平,从而使管理的内容、范围、方式、途径均发生了极大变化。国际贸易、跨国经营、股份公司成为管理的新领域、新模式,为管理思想的发展提供了更为广阔的空间,为迎接工业革命的到来做好了准备。

第四章　工业革命时代管理思想形成与发展

知识网络

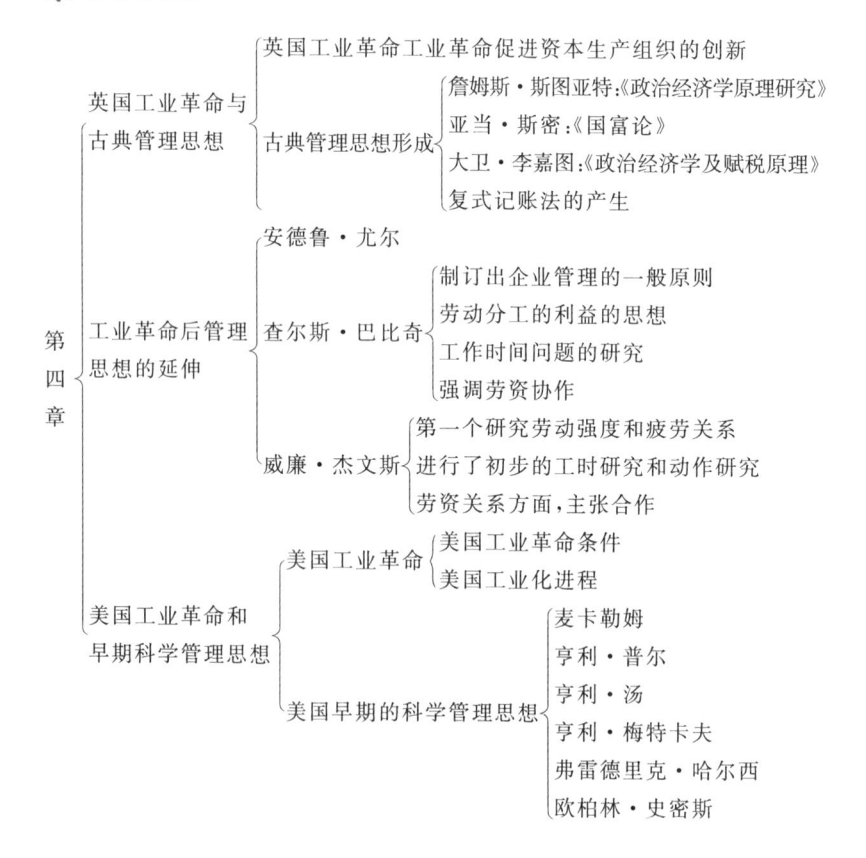

第四章
- 英国工业革命与古典管理思想
  - 英国工业革命：工业革命促进资本生产组织的创新
  - 古典管理思想形成
    - 詹姆斯·斯图亚特：《政治经济学原理研究》
    - 亚当·斯密：《国富论》
    - 大卫·李嘉图：《政治经济学及赋税原理》
    - 复式记账法的产生
- 工业革命后管理思想的延伸
  - 安德鲁·尤尔
  - 查尔斯·巴比奇
    - 制订出企业管理的一般原则
    - 劳动分工的利益的思想
    - 工作时间问题的研究
    - 强调劳资协作
  - 威廉·杰文斯
    - 第一个研究劳动强度和疲劳关系
    - 进行了初步的工时研究和动作研究
    - 劳资关系方面，主张合作
- 美国工业革命和早期科学管理思想
  - 美国工业革命
    - 美国工业革命条件
    - 美国工业化进程
  - 美国早期的科学管理思想
    - 麦卡勒姆
    - 亨利·普尔
    - 亨利·汤
    - 亨利·梅特卡夫
    - 弗雷德里克·哈尔西
    - 欧柏林·史密斯

第四章　工业革命时代管理思想形成与发展

学习目的与要求

通过对本章的学习,了解工业革命时代管理思想的形成与发展脉络,掌握古典管理思想的形成,对英国古典管理理论和美国早期科学管理思想及其代表人物的相关理论进行识记。本章要求考生熟悉英国古典管理理论和美国早期科学管理理论形成的基本情况,识记代表人物及其理论贡献。

考核重点

1. 工业革命。
2. 资本主义早期管理思想产生的时代背景。
3. 亚当·斯密的《国富论》。
4. 关于劳动分工。
5. 查尔斯·巴比奇的分工思想。
6. 大卫·李嘉图的主要贡献。
7. 詹姆斯·斯图亚特理论及著作。
8. 安德鲁·尤尔相关理论。

同步强化训练

一、单项选择题

1. 工业革命之前,(　　)是生产的主要组织形式。
   A. 以科学技术为主体的工业
   B. 以纺织业为主体的手工业
   C. 手工技术为基础的工场手工业
   D. 以机器为主体的工场手工业

2. 亚当·斯密的(　　)的观点对早期古典管理理论的发展具有

突出的意义。

  A.经济人   B.社会人

  C.复杂人   D.人性本恶论

3.萨伊第一个明确承认生产力继土地、资本、劳动力之外还存在第四种要素是(　　)。

  A.制度   B.管理   C.法律   D.国家强制力

4.尤尔在管理方面的主要著作是1835年出版的(　　)。

  A.《政治经济学原理研究》

  B.《制造业的成本和公营及私营工厂的管理》

  C.《制造业的哲学》

  D.《政治学》

5.英国古典经济学体系的建立者亚当·斯密其最主要的代表作是(　　)。

  A.《国富论》   B.《理想国》

  C.《利维坦》   D.《政治学》

6.大卫·李嘉图在经济理论上的最大贡献是(　　)。

  A.提出了实际价值的概念

  B.提出四大赋税原则,即公平、确定、便利、经济

  C.首次对复式记账法加以理论说明

  D.在资本和管理技术关系上提出了"工资规律"和关于经济人方面的"群氓"假设

7.提出市场这只"看不见的手"能保证资源得到最佳的配置的是(　　)。

  A.查尔斯·巴比奇   B.马克斯·韦伯

  C.约翰·洛克   D.亚当·斯密

8.下列关于工业革命的表述错误的是(　　)。

  A.工业革命彻底摧毁了封建社会的生产关系

  B.工业革命创造了巨大的社会财富

  C.工业革命的直接成果是工厂制度的建立

  D.工业革命最先从美国开始

9.最早把"可互换部件"的原则从兵器生产扩大到工业生产的国家是( )。
   A.英国   B.德国   C.法国   D.美国

10.亨利·汤在著名论文《利益分享》中提出了一种激励职工的( )。
   A.收益分享制度   B.新控制制度
   C.劳动报酬的奖金方案   D.公平分配制度

11.1849—1862年间长期担任《美国铁路杂志》主编的人是( )。
   A.亨利·梅特卡夫   B.丹尼尔·麦卡勒姆
   C.亨利·普尔   D.亨利·汤

12.欧柏林·史密斯在管理方面的主要贡献是( )。
   A.在美国机械工程师学会上宣读了论文《劳动报酬的奖金方案》
   B.提出了一套有关机械零件的术语和记忆符号的系统及其有关原则
   C.在1881年实行了一套新的控制制度
   D.率先总结出了大公司的经营之道

13.詹姆斯·斯图亚特比泰勒早( )指出了工作研究方法和刺激工资的实质。
   A.100多年   B.90多年   C.70多年   D.40多年

14.詹姆斯·斯图亚特是英国资产阶级经济学家,他于1767年出版了( )。
   A.《政治经济学》   B.《政治经济学原理》
   C.《政治经济学原理研究》 D.《国富论》

15.亚当·斯密经济思想的中心是( )。
   A.计划经济   B.自由市场经济
   C.半封闭经济   D.自由经济

16.首次对复式记账法加以理论说明的是( )。
   A.大卫·李嘉图   B.亚当·斯密

C.托马斯·瓦茨　　　　　D.卢卡·帕乔利

17.为了使管理人员和顾客一眼就辨认出相关责任人,麦卡勒姆最早推行统一(　　)。
   A.制服　　B.名片　　C.发型　　D.代号

18.在工资和奖金制度上有重要贡献的美国机械工程师是(　　)。
   A.亨利·梅特卡夫　　　　B.亨利·汤
   C.欧柏林·史密斯　　　　D.弗雷德里克·哈尔西

19.主张建立一种管理体系来管理企业,注意企业中人的因素的美国管理学先驱是(　　)。
   A.亨利·梅特卡夫　　　　B.丹尼尔·麦卡勒姆
   C.亨利·普尔　　　　　　D.亨利·汤

二、多项选择题

1.关于亚当·斯密的思想,下列表述正确的是(　　)。
   A.强调分工能带来巨大的经济利益
   B.主张加强控制职能
   C.提出计算投资还本问题
   D.认为经济现象是利己主义的
   E.提高劳动者素质是国民财富增长的根本原因

2.关于大卫·李嘉图,下列表述正确的有(　　)。
   A.他是19世纪初英国资产阶级经济学家的杰出代表
   B.在资本和管理技术的关系上提出所谓的"工资规律"
   C.提出了关于经济人的"群氓"假设
   D.主张用绝对、集中的权力进行管理
   E.首次提出经济人观点

3.亨利·普尔发现了建立健全管理体系的三个原则,它们是(　　)。
   A.组织原则　　B.沟通原则　　C.经济人原则
   D.信息原则　　E.独立原则

4.关于大卫·李嘉图的思想,下列表述正确的有( )。
   A.工人劳动创造的价值是工资、利润等的源泉,这是经营管理的核心问题
   B.强调劳动分工可以带来经济利益
   C.个性的解放是资本主义精神的首要条件
   D.计算投资还本问题
   E.经济人的"群氓"假设

5.关于查尔斯·巴比奇的思想,下列表述正确的是( )。
   A.计算投资还本问题
   B.进一步分析劳动分工可以带来的经济利益
   C.在科学分析的基础上制订企业管理的一般原则
   D.固定工资加利润分享的分配制度
   E.在管理中重视人的因素

6.下列表述中属于古典理论历史贡献的有( )。
   A.古典管理理论是现代管理理论的基础
   B.对如今的企业管理有巨大的指导作用
   C.古典管理理论适应了当时的生产力发展水平
   D.对提高产量、提高生产和工作效率方面具有不可替代的作用
   E.古典管理理论是当时生产力发展的产物

7.关于詹姆斯·斯图亚特的贡献,下列表述正确的有( )。
   A.他提出了实际价值的概念
   B.他对劳动的两种形式作了区分
   C.他指出了关于管理人员和工人之间的分工问题
   D.他阐述了货币流通的一般规律
   E.提出了关于经济人方面的"群氓"假设

8.亚当·斯密提出的四大赋税原则是( )。
   A.公平   B.确定   C.便利   D.经济   E.合理

9.威廉·杰文斯在管理思想方面的主要贡献有( )。
   A.他是第一个研究劳动强度和疲劳关系问题的人
   B.他是第一个研究剩余价值的人

C.他进行了初步的工时研究和动作研究

D.在劳资关系方面,他主张工业合伙

E.工作时间问题的研究

10.从管理原则上看,麦卡勒姆提出了(　　)原则。

A.分工　　　　B.授权　　　　C.责任制

D.报告系统　　E.统一指挥

11.亨利·汤在管理思想上的主要贡献是(　　)。

A.他强调指出管理的重要性,大声疾呼他的工程师同事们承认并努力发展管理的科学

B.他支持并推广科学管理运动

C.他提出激励职工的收益分享制度

D.他提出了劳动强度和工资关系的问题

E.他制订出了企业管理的一般原则

三、简答题

1.简述亚当·斯密的管理思想内容。

2.简述查尔斯·巴比奇的管理思想。

3.简述普尔关于建立健全管理体系的三个原则。

4.简述工业革命带来的生产组织方式的变化。

四、论述题

1.如何评价古典管理理论?

2.试述麦卡勒姆的管理经验。

3.试论亨利·汤在管理思想方面的主要贡献。

4.试论工业革命对管理思想发展的影响。

参考答案及评析

一、单项选择题

1.C　2.A　3.B　4.C　5.A　6.D　7.D　8.D　9.D　10.A　11.C

12.B 13.A 14.C 15.B 16.D 17.A 18.D 19.C

二、多项选择题

1.ABCDE 2.ABCD 3.ABD 4.AE 5.BCD 6.ABCDE 7.ABCD 8.ABCD 9.ACD 10.ABCDE 11.ABC

三、简答题

1.答：亚当·斯密的经济思想的中心是自由市场经济，他的著作中涉及许多现代管理的核心问题：(1)分工问题，强调分工带来的经济利益，劳动是国民财富的源泉，而提高劳动者的素质是国民财富增长的根本；(2)控制职能；(3)计算投资还本问题；(4)经济人的观点，经济现象是具有利己主义的人们活动所产生的。

2.答：查尔斯·巴比奇的管理思想可以归纳为以下几个方面。

(1)巴比奇制订了一种"观察制造业的方法"，这与对作业的科学而系统的研究方法很类似。

(2)他进一步发展了亚当·斯密关于劳动分工的思想，分析了分工能提高效率的原因，即：节省了学习所需要的时间；节省了学习中所耗费的材料；节省了一道工序转变到另一道工序所耗费的时间；节省了改变工具所耗费的时间；由于经常重复同一操作，技术熟练，工人工作速度加快；促进了工具和机器的改进，从而提高了劳动生产率。他还指出脑力劳动和体力劳动一样可以进行劳动分工。

(3)在劳资关系方面，巴比奇是工厂制度的保护者，强调工人要认识到工厂制度对他们有利的地方，提出了一种固定工资和利润分享的制度。

巴比奇在对制造业的研究中采取了科学分析的方法，认识到为争取工人的合作必须提供新的刺激，他努力寻求在管理人员和工人之间建立新的和谐关系，所有这些使他在管理方面成为一个具有远见卓识的人。

3.答：普尔从麦卡勒姆的成果中发现了建立健全管理体系的三个原则：第一，组织原则。第二，沟通原则。第三，信息原则。

4.答：从18世纪下半叶开始，伴随着科学技术的发展，英国爆发了工业革命。工业革命是指资本主义的机器大工业代替以手工技为基础的工场手工业的革命。工业革命带来的生产组织方式的变化主要就是工厂制度的建立。英国工业革命的过程,基本上包括了三个方面:纺织机等机器是工具上的革命,蒸汽机是动力上的革命,工厂制度是生产组织方式的革命。工业革命引起了生产组织方式的变化,促进了生产力的大发展,使社会发生巨大变革。随着人们对自然的认识水平的提高、生产工具的不断改进、生产组织方式的变化,工业企业的效率问题、控制问题、对企业中人的管理问题更加突出,使当时的人们不得不深入思考,如何在市场中通过努力来获得高效率和最大的利润。

四、论述题

1.答:(1)古典管理理论的缺点。①对人性的研究没有深入进行,对人性的探索仅仅停留在经济人的范畴之内;②仅仅把管理的对象看做是一个客观存在,没有把管理对象上升到系统加以认识;③着重点是放在管理客观存在的内部,企业的经营管理主要研究的是人和市场,而这两点都是古典管理理论没有进行研究的;④对企业发展考虑得非常少。

(2)古典管理理论的历史贡献。①是现代管理理论的基础;②对今天的企业管理仍然有着巨大的指导作用;③适应于其相应的生产力水平;④古典并不意味着过时,它为现代管理理论提供了必要的基础,而且还在为现代企业管理方法提供指导师,应该说是不朽的。

2.答:麦卡勒姆的管理经验主要体现在以下两个方面。

(1)制定了严密的管理制度。这种管理制度的原则是:①适当地划分职责,实行明确的分工负责制;②授予充分的权力以便能够充分地执行责任;③要有能够了解是否切实承担起责任的手段;④极其快捷的报告制度,对于一切情况能够及时反馈,如果出现疏忽和偏差,能及时得到纠正;⑤通过每日的检查和报告来反映上述各种情况。这种制度的一个前提条件是不应给主要负责人增加麻烦,也不应该减少主要负责人对下属的影响力,而要使他不仅能及时发现情况,又能找出失职者。

(2)制订了十分严密的组织细则来贯彻这些原则。①把职工按其职务要求分为各个等级,并要求职工穿上表示其等级的制服;②为职工拟订了职务说明书,并规定职工必须按职务说明书工作,不得各行其是;③制订了一种表示各部门之间的分工和报告控制系统的组织图,这是最早的组织图,是一种树状结构图。树根代表董事会,树枝代表5个业务部门,依次来表示组织内部的相互关系。

3.答:亨利·汤在管理思想上和泰勒有着极为相似的认识,他的主要贡献有以下三方面。

(1)汤首先强调的是管理的重要性,认为管理是一门独立的学科。当时美国的企业界不重视管理,否认管理是一门独立的学科,工程师一般局限于自己的专业领域,只用纯技术的观点来考察问题,不关心企业的管理方面。1886年,汤发表了《作为经济学家的工程师》一文,强调指出管理的重要性,大声疾呼他的工程师同事们承认并努力来发展管理的科学。他认为"为了高效率地指挥一个企业,工厂管理与工程技术有着同样的重要性"。

(2)支持并推广科学管理运动。汤于1870年就开始系统地应用高效率的管理方法。1884-1890年,他先后担任过美国机械工程师学会的副会长和会长,此外还有相当长的时间是学会的领导成员之一。他运用自己的影响力支持科学管理运动,提供宣传阵地,促进了该学会成员对科学管理运动的兴趣和支持。汤是科学管理运动的重要先驱者之一。

(3)汤在著名论文《利益分享》中提出了一种激励职工的收益分享制度。在他之前也有人提出用利润分享的办法来缓和劳资矛盾,但他认为利润分享既不是一种公正的措施,也不是一种正确解决问题的方法。因为一个部门职工努力节省下来的利润,会被另一些部门职工的失误所抵消,使得整个企业的利润减少或没有利润。他提议,为每一个工作单元或部门确定生产成本和定额,然后根据他们自己的表现,把盈利返还给他们。具体做法是:职工有一个最低保证工资,其定额由科学方法测定,每一部门超过定额而生产出来的收益,由职工和雇主各得一半。定额应保持三五年不变,以免降低工资,挫伤职工的积极性。汤的收益分享制度,实际上是对作为刺激生产的手段(工资问题)这个重要课题进行了开创性实验,其重要性不亚于泰勒的时间和动作研究及成本分析等课题。

4.答:工业革命的产生对管理思想的发展起推动作用,管理是与人类生产发展、科技进步、文化繁荣同步前进的,工业革命促进了古典管理思想的初步形成,并为科学管理思想的形成奠定了基础。工业革命强烈需要提高管理水平。西方国家在英国的工业革命以后,在19世纪末和20世纪初产生了以泰勒、法约尔、韦伯等人为代表的经典的科学管理运动的思潮,对生产力的发展起着重大的推动作用,这在当时是符合生产力的发展状况的。在当时没有科学的管理原则,也没有科学的管理依据的情况下,科学管理运动每一次科学地、理性地把管理纳入科学的轨道,使得管理成为一门真正的科学。这次运动,在当时收到了相当好的效果,促进了生产力的发展和劳动生产率的提高。但是随着生产力的发展,社会、经济得到进一步的发展,人们发现单纯地注重管理的科学性、理性化不能保证管理的成功和劳动生产率的持续提高。因为不论是什么样的企业都是由人组成的,而企业的职工,随着生活水平的提高,对现实的要求也在不断地变化,他们不仅有理性,更重要的还有感情,不但要求获得经济需求的满足,还要获得感情上、社会地位上和自我实现等方面需求的满足。这样,行为科学是随着生产力的提高和社会、经济的发展而产生的。行为科学的产生和发展,对生产力的发展和劳动生产率的提高有着重要的作用,但是如果过于偏重非理性方面而忽略了理性方面,管理绩效也达不到理想的状态,只有把两者结合起来才是可行的。

第五章　科学管理理论的产生与发展

知识网络

- 第五章 科学管理理论
  - 科学管理理论产生的历史背景
    - 工业革命发展与经济危机出现
    - 美国工业化推进
    - 前期管理思想家的理论研究
  - 科学管理理论之父——泰勒
    - 泰勒当时面临的问题和思考
    - 泰勒科学管理的探索
      - 金属切削实验
      - 搬运生铁块实验
      - 铁锹实验
  - 科学管理的前提：三个
  - 科学管理的方法：任务管理法
  - 科学管理的主要内容
    - 科学管理四项原则
    - 作业管理
    - 职能化管理和例外原则
    - 精神革命
  - 泰勒的追随者及贡献
    - 卡尔·巴思："最最正统的门徒"
    - 亨利·甘特：甘特图
    - 吉尔布雷斯夫妇：运动研究
    - 哈林顿·埃默森：《十二项效率原则》
    - 莫里斯·库克：非工业组织中传播和应用科学管理思想
  - 科学管理理论的发展
    - 亨利·福特科学管理实践与贡献：大规模生产的第一个倡导者
    - 科学管理思想的发展：丘奇、谢尔登、福莱特
    - 对科学管理理论的评价

学习目的与要求

通过本章学习了解科学管理理论产生的历史背景,以便更好地领会科学管理理论历史的进步意义。熟悉泰勒作为科学管理理论的创始人对科学管理理论形成的重大贡献。掌握科学管理理论的基本内容及后来者对科学管理理论的丰富。识记科学管理理论的主要内容。本章要求考生熟记科学管理理论的相关内容以及泰勒的追随者对科学管理理论的重要贡献。

考核重点

1. 弗雷德里克·泰勒:"科学管理之父"。
2. 泰勒认为工人"磨洋工"的原因。
3. 泰勒为解决"磨洋工"所做的实验。
4. 科学管理理论的前提假设。
5. 科学管理的目的。
6. 科学管理的内容。
7. 科学管理的哲学或者它的真正基础在于相信劳资双方的利益和一致性。
8. 亨利·甘特。
9. 吉尔布雷斯夫妇。
10. 亨利·福特的科学管理实践。
11. 泰勒提出的"心理革命"的主要内容。
12. 拔佳制的基本原则。
13. 对科学管理理论的评价。

同步强化训练

一、单项选择题

1. 管理思想史上,素有"科学管理之父"之称的是(　　)。
   A.法约尔　　B.泰勒　　C.厄威克　　D.密尔

2. 被认为是泰勒的"嫡系追随者"的人是(　　)。
   A.卡尔·巴思　　　　B.亨利·甘特
   C.弗兰克·吉尔布雷斯　　D.哈林顿·埃默森

3. 泰勒认为科学管理的中心问题是提高(　　)。
   A.工作时长　　　　B.利益分配
   C.最低工资　　　　D.劳动生产率

4. 通过对生产日期和产量图来控制计划和生产的进行曲的图称为(　　)。
   A.巴思图　　B.泰勒图　　C.甘特图　　D.密尔图

5. 泰勒的科学管理原理基本的人性假设是(　　)。
   A.经济人　　　　B.社会人
   C.复杂人　　　　D.自我实现人

6. 对于亨利·福特的评价,下列描述中正确的是(　　)。
   A.大规模生产的第一位倡导者
   B.新型"效率工程师"的代表人物
   C.生产计划进度图的发明者
   D.科学管理之父

7. 被称为管理第一夫人,且作为管理心理学的先驱者的人是(　　)。
   A.奥利弗·谢尔登　　B.亚历山大·丘奇
   C.莫里斯·库克　　　D.莉莲·吉尔布雷斯

8. 美国科学管理先驱中最早注意到人的因素并主张通过教育然后提高生产的管理大师是(　　)。

A.卡尔·巴恩　　　　　　B.亨利·甘特
C.哈林顿·埃默森　　　　D.弗兰克·吉尔布雷斯

9.弗兰克·吉尔布雷斯是一位工程师和管理学家,在(　　)方面有突出的成就。
A.生产管理研究　　　　B.标准化研究
C.管理制度研究　　　　D.动作研究

10.福特制是指由福特首创的一套(　　)。
A.差别计件工资制　　　B.生产和管理制度
C.激励性的报酬制度　　D.标准化管理

11.莫里斯·库克的主要贡献是(　　)。
A.在非工业组织中传播和应用科学管理思想
B.提出了组织效率的原则
C.把各种最有效的动作要素归纳成"动作经济原则"
D.发明用于生产控制的甘特图

12.下列不属于泰勒著作的是(　　)。
A.《科学管理原理》　　B.《计件工资制》
C.《车间管理》　　　　D.《工业管理和一般管理》

13."作为领导者,雇主的目标应该是,比同行业的任何一家企业都能给工人更高的工资",这句话是(　　)关于实行高工资加福利制度思想的阐述。
A.亨利·福特　　　　　B.亚历山大·丘奇
C.奥利弗·谢尔登　　　D.玛丽·福莱特

14.泰勒认为要克服"磨洋工"现象的真正困难在于为各项工作规定(　　)。
A.合理的工作量　　　　B.合理的工作时间
C.合理的工作强度　　　D.合理的工作纪律

15."科学管理"这个名词的首次提出者是(　　)。
A.泰勒　　　　　　　　B.布兰代斯
C.哈罗德·孔茨　　　　D.林德尔·厄威克

16.泰勒认为科学管理的根本目的是(　　)。

A.谋求最高的工资率　　　　B.谋求最高的报酬率
C.谋求最安全的劳动条件　　D.谋求最高劳动生产率

17.卡尔·巴思和泰勒合作的经典是关于(　　)的研究。
　A.用数学问题解决管理问题
　B.用例外原则解决管理问题
　C.金属切割工艺
　D.用计件工资制解决管理中的问题

18.吉尔布雷斯夫妇发明了一个"动素"的概念,他们把所有动作归纳为(　　)个动素。
　A.20　　　B.19　　　C.17　　　D.15

19.《十二项效率原则》的作者是(　　)。
　A.莫里斯·库克　　　B.哈林顿·埃默森
　C.吉尔布雷斯夫妇　　D.卡尔·巴思

20.将科学管理原理应用于高等学校中的管理的是(　　)。
　A.莫里斯·库克　　　B.哈林顿·埃默森
　C.吉尔布雷斯夫妇　　D.卡尔·巴思

21.将科学管理原理应用于市政管理的是(　　)。
　A.哈林顿·埃默森　　B.吉尔布雷斯夫妇
　C.卡尔·巴思　　　　D.莫里斯·库克

22.世界上第一位使用流水线大批量生产汽车的人是(　　)。
　A.卡尔·巴思　　　　B.亨利·甘特
　C.亨利·福特　　　　D.弗兰克·吉尔布雷思

23.为了适应更短的日工作时间,亨利·福特把整个工厂从双班变成了(　　)。
　A.四班　　B.五班　　C.三班　　D.一班

24.在内部管理上,福特公司提倡最大限度的(　　)。
　A.头衔管理　　　　　B.无头衔管理
　C.平民化管理　　　　D.非平民化管理

25.(　　)的最大贡献是以哲学思考的方式指出管理是一门专门的职业,并推演出一整套管理的指导原则。

A.亨利·福特　　　　　B.玛丽·福莱特
C.亚历山大·丘奇　　　D.奥利弗·谢尔登

二、多项选择题

1.下列属于弗雷德里克·泰勒的科学管理内容的是(　　)。
　A.制订科学的工作方法
　B.把领导的职能和执行的职能分开
　C.科学管理实质是一场全面的"精神革命"
　D.实施激励性的报酬制度
　E.科学管理的根本目的是谋求最高劳动生产率

2.泰勒所进行的科学管理实验所依据的两个基本原理是(　　)。
　A.动作研究原理　　　　B.作业研究原理
　C.疲劳研究原理　　　　D.时间研究原理
　E.劳资关系研究原理

3.科学管理认为生产效率主要取决于(　　)。
　A.工资制度　　　　　　B.作业方法
　C.工人人数　　　　　　D.工作条件
　E.管理制度

4.在20世纪20年代,科学管理理论的先驱者除了泰勒还包括(　　)。
　A.卡尔·巴思　　　　　B.哈林顿·埃默森
　C.亨利·甘特　　　　　D.吉尔布雷斯夫妇
　E.莫里斯·库克

5.下列属于亨利·福特科学管理的贡献是(　　)。
　A.首创大规模的汽车流水装配线
　B.提出了标准化和简单化生产
　C.重视企业中人的因素
　D.实行高工资加福利制度
　E.强调制度管理

6.泰勒对工人"磨洋工"的解释是（　　）。
   A.工人的认识问题　　　　B.管理问题
   C.传统问题　　　　　　　D.分工问题
   E.工人的人品问题

7.泰勒为了宣传他的"科学管理"，他进行的实验是（　　）。
   A.照明实验　　　　　　　B.金属切削实验
   C.搬运生铁块实验　　　　D.铁锹实验
   E.大规模的访谈计划——"访谈实验"

8.作业管理在泰勒的科学管理中占有重要地位，它的主要原则是（　　）。
   A.高的日工作定额
   B.标准的作业条件
   C.完成作业的工人，按高工资率付给报酬
   D.未完成工作的人，按低工资率付给报酬
   E.严谨的工作态度

9.吉尔布雷斯夫妇认为，要取得作业的高效率，以实现高工资与低劳动成本相结合的目的，就必须做到（　　）。
   A.规定明确的高标准的作业量
   B.标准的作业条件
   C.完成任务者付给高工资
   D.完不成工作者要承担损失
   E.高的日工作定额

10.吉尔布雷斯夫妇在管理思想方面的主要贡献有（　　）。
   A.动作研究
   B.疲劳研究
   C.探讨工人、工作和工作环境之间的相互影响
   D.强调进行制度管理
   E.重视企业中人的因素

11.亨利·福特所创立的流水线原则是（　　）。
   A.按照操作程序安排工人和工具

B.运用工作传送带或别的传送工具

C.运用滑动装配线,需要装配的零件放在最方便的距离

D.选择最合适的传送时机

E.依据工人各自的情况制订不同的操作程序

12.奥利弗·谢尔登的管理思想主要体现在( )。

A.强调管理中人的因素

B.强调管理中人的社会责任

C.强调管理的整体性

D.强调管理作为一种独立职业在社会上的地位

E.强调群体原则

13.玛丽·福莱特强调在企业管理中应坚持( )。

A.群体原则　　　B.利益结合原则　　　C.形势法则

D.协作原则　　　E.循环行为论

14.玛丽·福莱特认为领导所应具备的能力有( )。

A.领导最重要的素质就是控制整个局势的能力

B.领导者要有预测的能力

C.领导者应具有冒险精神

D.领导者应该善于培养下属

E.领导者应具有乐观的心态

15.亨利·福特规定工人享有福利的条件是( )。

A.负担家庭生活的已婚男人　　B.工作表现好的工人

C."生活节俭"的单身男人　　　D.抚养亲戚的妇女

E.身患疾病的人

三、简答题

1.泰勒科学管理的任务有哪些?

2.简述科学管理理论产生的条件。

3.简述泰勒提出的"心理革命"的主要内容。

4.简述拔佳制的基本原则。

5.简述科学管理理论的前提。

6.简述泰勒的任务管理法。

7.简述泰勒科学管理中的计件工资制度。

四、论述题

1.论述弗雷德里克·泰勒的科学管理思想的内容及局限。

2.论述亨利·甘特对科学管理理论的重要贡献。

3.福特制及其对科学管理的贡献。

4.论述对科学管理理论的评价。

5.论述莫里斯·库克在管理思想上的贡献。

参考答案及评析

一、单项选择题

1.B 2.A 3.D 4.C 5.A 6.A 7.D 8.B 9.D 10.B 11.A 12.D 13.A 14.A 15.B 16.D 17.C 18.C 19.B 20.A 21.D 22.C 23.C 24.B 25.D

二、多项选择题

1.ACDE 2.BD 3.ABD 4.ABCDE 5.ABD 6.ABC 7.BCD 8.ABCD 9.ABCD 10.ABCDE 11.ABC 12.ABCD 13.ABCDE 14.ABCD 15.ACD

三、简答题

1.答:泰勒科学管理有四项任务。第一项是对作业进行科学研究,以便于制订合理的工作定额;第二项则在第一项的基础上将视野转移到了工人身上,试图从工人素质上找到管理赖以发挥长久作用的基础;第三项,将管理者与管理对象高度统一起来,以便管理的各项措施得以顺利实施;第四项,实际上已将企业中管理的职能与一线工人的作业职能区分开来,并且强调了由于这种分工导致管理者和工人之间承担的责任不同。

2.答:(1)美国的工业化进程对管理提出了新的要求。

(2)经济危机的出现引发了一系列的矛盾。

(3)大量外来移民的涌入,既为美国提供了劳动力,也使培训和管理企业的员工成为人们必须面对的问题。

(4)工业革命以来管理思想的积累为科学管理理论的产生提供了思想基础。

3.答:泰勒认为,真正的科学管理和只追求效率的一阵风式的做法是完全不同的,这种不同就在于雇主和工人之间都必须进行一场"心理革命"。这场伟大的革命就是双方把注意力从分配剩余的问题上移开,转向增加剩余上,以友好合作和互相帮助来代替对抗和斗争,共同使剩余额猛增,以至工人工资和制造商的利润都大大增加。

4.答:拔佳制是由拔佳(Bata.Tomas)在学习福特管理思想的基础上发展起来的一种符合科学管理精神的管理制度,拔佳制的基本原则有以下五点。

(1)"让工人思维,让机器工作"。

(2)"建立自己的供产销系统和全球经营战略"。

(3)"顾客是企业的主人"、"为公众服务"。

(4)"生产和利润不是目的,而是改善职工生活的手段"。

(5)"提高职工的生活质量是企业的首要职责"。

5.答:科学管理理论,把以下科学假设作为前提。第一,当时,劳资矛盾日益尖锐的主要原因是社会资源没有得到充分的利用,而如果能通过科学管理将社会资源进行充分利用,则劳资双方都会得到利益,这些矛盾就可以解决。第二,从工人方面来说,其基本的假定,即人是"经济人",人最为关心的是如何提高自己的货币收入,或者说只要能使人得到经济利益,他愿意配合管理者挖掘出他自身最大的潜能。第三,单个人是可以取得最大效率的,集体的行为反而导致效率下降,科学管理是使单个人效率提高的有效方法。

6.答:泰勒认为最佳的管理方法是任务管理法。第一,对工人操作的每个动作进行科学研究,用以替代老的单凭经验的办法。第二,科学地挑选工人,并进行培训和教育,使之成长;而在过去,则是由工人任意挑选自己的工作,并尽自己的可能进行自我培训。第三,与工人的亲密协作,以保证一切工作都按已经发展起来的科学原则去办第四,资方和工人们之间在工作和职责上几乎是均分的,资方把自己比工人更胜任的那部分工作承揽下来;而在过去,几乎所有的工作和大部分的职责都推到了工人们的身上。

7.答:泰勒的计件工资制度包含三点内容。第一,通过工时研究和分析,制订出一个定额或标准。这点要由管理当局来做。由定额制订部门来设计各种工作,并把工作分解为各个要素,每一个要素制订出定额。第二,采用一种叫做"差别计件制"的刺激性付酬制度。第三,工资支付的对象是工人而不是职位,即根据实际工作表现,而不是按工作类别来支付工资。

四、论述题

1.答:(1)作业管理。A.制订科学的工作方法。泰勒认为科学管理的中心问题是提高劳动生产率;B.制订培训工人的科学方法,对任何一项工作必须要挑选出"第一流工人",也就是最适宜的人;C.实行激励性报酬制度,他在1895年提出了一种具有很大刺激性的报酬制度——"差件工资制"。(2)组织管理。A.把计划的职能和执行的职能分开,改变凭经验工作的方法,代之以科学的工作方法。B.职能工长制是根据工人的具体操作过程,进一步对分工进行细化而成的。C.为组织管理提出了一个极为重要的原则——"例外"原则。(3)管理哲学。是管理中的世界观、认识论和方法论,是从思维和存在的角度对管理的本质和发展规律所作的哲学概括。泰勒的科学管理理论也有一定的局限性,如研究的范围比较小,内容比较窄,侧重于生产作业管理,这和泰勒本人的经历有直接关系。更为重要的是,他对人性的假设,即认为人仅仅是一种"经济人",这一局限性无疑限制了泰勒的视野和高度。

2.答:亨利·劳伦斯·甘特(Henry L. Gantt,1861—1919年)是泰勒创立和推广科学管理制度的亲密的合作者,也是科学管理运动的先驱者之一。甘特非常重视工业中人的因素,因此他也是人际关系理论的先驱者之一。甘特对科学管理理论的重要贡献有以下三方面。

(1)提出了任务加奖金制度。该制度规定,工人如果在规定的时间内或在少于规定的时间内完成工作,除了可以得到规定时间内的报酬外,还能按该时间的百分比获得另外的报酬。这样,一个工人在 3 小时内或不到 3 小时做了 3 小时的工作,他就可以得到 4 小时的工资。此外他还规定,一个工人达到标准,工长就可以得到一笔奖金,如果所有的工人都达到标准,他还会得到额外的奖金。"这是第一次有记载的试图把教工人们学会最正确的方法同工长的经济利益结合起来的行动"。

(2)强调对工人进行教育的重要性,重视人的因素在科学管理中的作用。甘特认为,任务和奖金制度可以使工长成为其下属的教师和帮助者,把关心生产转变为关心工人。甘特说:"我们做任何事情都必须符合人性。我们不能强迫人们干活;我们必须指导他们的发展。"这是早期关于人类行为认识的里程碑,使甘特成为科学管理运动先驱中最早注意到人的因素的管理大师之一。

(3)制订了甘特图。甘特特别出名的原因是他发明了甘特图,最早他绘制了一种日平衡图,在第一次世界大战中发展成为甘特图,即生产计划进度图。在图中,平面图的横轴按比例划分为小时数、天数、周数,先把工作任务的计划完成时间用横线或横条画出,再把工作任务的实际完成情况用横线或横条画在计划完成情况线之下。甘特图有的按机器分,有的按工序分,有的还用作比较费用预算和实际支出。图表内用线条、数字、文字、代号等来表示所需的时间、实际产量、计划开工和完成的时间等不同的内容。甘特用图表帮助管理进行计划和控制的做法是当时管理思想的一次革命,在世界各地被广泛推广应用,并在此基础上发展成为计划评审法、关键线路法等。

3.答:亨利·福特(Henry Ford,1863—1947 年)是美国著名的汽车制造者,被大众普遍认为是大规模生产的第一位倡导者。福特制是指由福特首创的一套生产和管理制度。福特制在生产和管理的实践中实现了许多科学管理的原理。

(1)制造方式标准化。实行零部件标准化和作业标准化,大大提高了制造的精密性,零部件的互换性,提高了汽车的性能和质量,延长了汽车的寿命。

(2)流水式装配线。为缩短生产作业途中搬运材料和部件的时间,福特公司发明了用自动搬运材料和部件的传送带组成的流水式装配线,并于1913年在海兰特·派克工厂建成使用。生产率大为提高。

(3)把服务大众作为宗旨。福特经常说,他办汽车工厂不是以赚钱为宗旨,而是以服务大众为宗旨。由于福特公司采用标准化和流水式装配线等先进措施,汽车的价格逐年下降。1910年T型车的售价为950美元,1924年已降为290美元。他采取措施大幅度地提高工人的工资,将每天的工作时间缩短为8小时。福特认为这样做的好处是,既能吸引和留住最优秀的工人,又能使工人有钱购买包括汽车在内的工业品,从而扩大了汽车销量。福特还在工人中实行利润分享计划,大大促进了生产率的提高。

(4)建立人事部门,关心员工生活。"以确保他们的家是整齐干净的,他们饮酒不过量,他们的性生活没有不清白之处,并确保他们的空闲时间用在有益的事情上。"福特还设立了设备完善的拥有专职人员的医疗部门和福利部门,为工人开办职业学校,从1926年开始实行每周5天的工作制度。

4.答:(1)科学管理理论的贡献。泰勒将科学引入管理领域,首次提出要以效率、效益更高的科学型管理取代传统小作坊式的经验型管理,使人认识到在管理上引进科学研究方法的重要性和必要性,开辟了管理学新纪元。科学管理理论提出的有科学依据的作业管理、管理者同工人之间的职能分工、劳资双方的心理革命等,为作业方法和作业定额提供了客观依据,使得劳资双方有可能通过提高劳动生产率、扩大生产成果来协调双方的利害关系,从而推动了生产力的发展,大幅度地提高了劳动生产率。

(2)科学管理理论的局限性。科学管理是一种在科学管理的3个假设基础上建立起来的科学理论,存在一定的缺陷和局限性是在所难免的。①科学管理理论的一个基本的假设就是人是"经济人",这种人性假设是片面的。②科学管理理论的诸项原则在实际推行过程中,并没有得到很好的贯彻。③泰勒对工会采取怀疑和排斥的态度。

尽管泰勒的科学管理理论存在局限性,但有一点没有疑问的是,科学管理思想的确立对当时的生产力发展和社会的进步起着极其重要的推动作用。它给人类文明的进步提供了重要的方式和思想武器。

5.答:库克在管理思想上的贡献主要体现在三方面。(1)把科学管理原理应用于高等学校的管理中。库克在对高校进行了大量调研的基础上,他认为学校中的管理状况比工业中更糟,大学中缺少一个衡量效率的标准。为了改变这个状况,库克主张把科学管理的原理和方法应用于大学的管理,并提出了一些具体的建议。教授应该把更多的时间用在教学和科研上,管理工作应该由专家而不是由委员会来承担,应该更多地使用一些助手来负担次要的和辅助性的工作,以便高级人员能更多地承担一些复杂的和高级的工作,教工的报酬应该按照其成绩和效率来增长,教学和科研的成本应由校部更严密地加以控制。(2)把科学管理原理应用于市政管理。他按照泰勒的思想建立了一种"职能管理"组织,雇佣一批专家而解雇了1000名左右靠关系雇佣的人和效率低下的人,设立了退休和福利基金,主张由专业的"城市经理"来管理城市,由有职权的个人来代替空谈的委员会,提出一种参与管理决策的想法来号召合作。(3)他较为重视人的因素,在处理劳资关系方面,比泰勒取得了更好的成绩。泰勒反对工人组织起来,认为工人组织起来会以共谋进行怠工,反对企业管理当局。有组织的劳工——工会对泰勒的科学管理也是采取反对和抵制的态度。库克在对工会的态度上不同于泰勒,他主张管理要"人情化",在有关工资、定额和福利等方面,要同工会进行集体合同谈判。因此,他受到工会领袖的欢迎,这有助于在企业中恰当地处理劳资关系。

第六章　组织理论的产生与发展

知识网络

- 第六章
  - 法约尔的组织管理理论
    - 法约尔的管理思想
      - 组织管理理论
        - 六项经营职能
        - 管理的五大要素
      - 法约尔的十四条管理原则
      - 管理人员的素质与管理教育
    - 法约尔管理思想的深远影响
      - 法约尔管理思想实践应用
      - 法约尔管理思想的影响
  - 马克斯·韦伯的行政组织理论
    - 理想的行政组织体系
      1. 明确的分工
      2. 自上而下的等级系统
      3. 人员的考评和教育
      4. 管理人员的薪金、升迁、考核制度
      5. 管理人员严格遵守纪律
      6. 成员间关系
    - 权力的分类
      1. 传统的权力
      2. 超凡的权力
      3. 法定的权力
    - 理想的行政组织管理制度：包括十个方面的准则
  - 科学管理理论系统化
    - 林德尔·厄威克
      - 提出和进一步完善"组织设计论"
      - 提出了八项管理原则
    - 卢瑟·古利克
      - 古利克管理七职能论的基本观点
      - 古利克提出了十项管理原则
    - 古典管理理论的总结
      - 古典管理理论的伟大意义
      - 古典管理理论存在三方面的问题

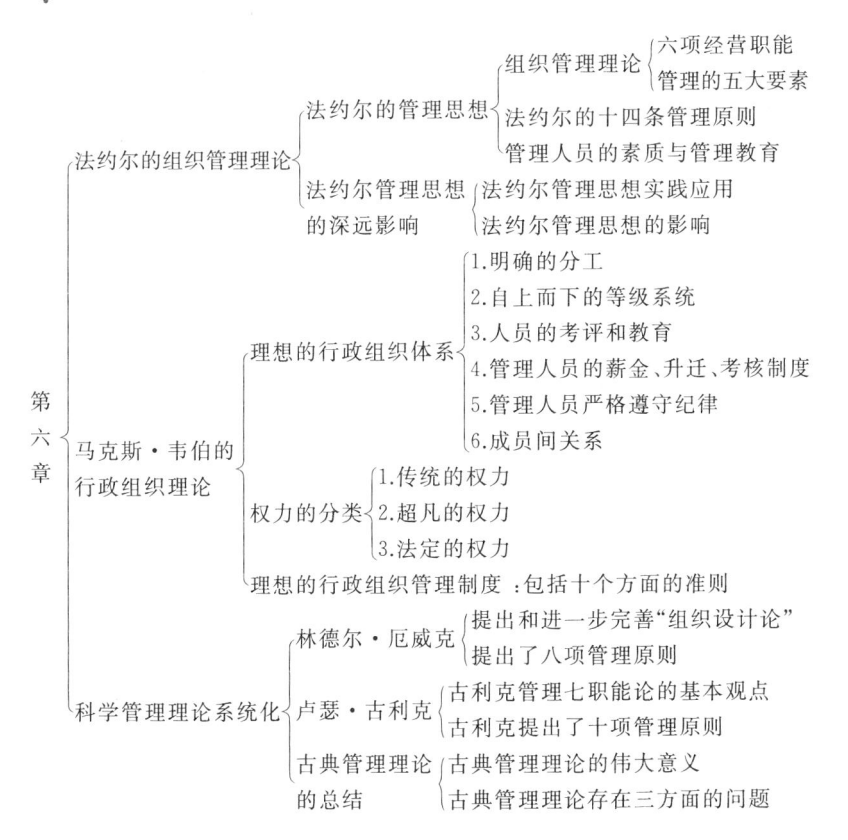

学习目的与要求

通过对本章的学习,了解亨利·法约尔和马克斯·韦伯的生平以及他们对于管理理论的突出贡献。掌握法约尔组织管理理论中的六项经营职能、管理中的五大要素、十四条管理原则以及韦伯关于理想行政组织体系的经典论述。识记科学管理理论系统化的集大成者——林德尔·厄威克和卢瑟·古利克对于组织理论的理论贡献。同时,考生应该以辩证的思维方式对古典管理理论做出科学的评价。

考核重点

1. 亨利·法约尔生平及著作。
2. 法约尔六项经营职能。
3. 法约尔管理五大要素。
4. 法约尔管理的十四条原则。
5. 一般管理理论的主要内容。
6. 马克斯·韦伯生平及著作。
7. 理想的"行政组织"的特征。
8. 韦伯对权力的分类。
9. 古典管理理论的系统化。
10. 卢瑟·古利克提出了著名的管理七职能论。
11. "法约尔跳板"原理。

同步强化训练

一、单项选择题

1. 泰勒的科学管理理论在美国盛行的同时,(   )也产生了法约尔的组织管理理论。

A.英国　　　B.法国　　　C.德国　　　D.奥地利

2.马克斯·韦伯在管理思想上的最大贡献是提出了(　　)。

A.高工资加福利制度　　　B.大规模的汽车流水装配线

C.一般管理的十四条原则　　　D.理想的行政集权制理论

3.马克斯·韦伯提出的法定权力是指理性——(　　)规定的权力。

A.法律　　　B.道德　　　C.个人觉悟　　　D.榜样

4.法约尔认为,(　　)的科学管理理论同他的理论是相互补充的。

A.尤尔　　　B.巴思　　　C.韦伯　　　D.泰勒

5.法约尔认为"经营"和"管理"是(　　)。

A.相同的　　　　　　B.类似的

C.不同的　　　　　　D.毫无联系的

6.法约尔的研究是从"办公桌前的总经理"出发的,以(　　)作为研究对象。

A.企业各部门　　　　　　B.企业资源

C.企业整体　　　　　　D.企业外部环境

7.1916年,在75岁时法约尔发表了他的划时代名著(　　)。

A.《科学管理原理》

B.《工业管理与一般管理》

C.《制造业的哲学》

D.《制造业的成本和公营及私营工厂的管理》

8.法约尔认为,企业无论大小,简单还是复杂,其全部活动都可以概括为(　　)。

A.5种　　　B.6种　　　C.7种　　　D.14种

9.马克斯·韦伯是(　　)的社会学家、经济学家和管理学家。

A.英国　　　B.美国　　　C.法国　　　D.德国

10.在管理思想发展史上被人们称为组织理论之父的是(　　)。

A.马克斯·韦伯　　　　　　B.亨利·法约尔

C.卢瑟·古利克　　　　　　D.林德尔·厄威克

11.马克斯·韦伯指出,任何组织都是以某种形式的(　　)为基础的。
   A.体系　　　B.结构　　　C.制度　　　D.权力
12.林德尔·厄威克指出,组织设计的作用之一是决定从事经营各个成员的(　　)。
   A.工龄　　　B.权利　　　C.职务　　　D.家族地位
13.古典管理理论仅把管理的对象看做是一个客观存在,没有把管理对象上升到(　　)加以认识。
   A.结构　　　B.系统　　　C.范围　　　D.组织
14.(　　)将法约尔有关管理过程的论点加以展开,提出了有名的管理七职能论。
   A.马克斯·韦伯　　　　B.亨利·法约尔
   C.林德尔·厄威克　　　D.卢瑟·古利克
15.不属于法约尔管理五大要素的是(　　)。
   A.计划　　　B.人事　　　C.指挥　　　D.控制
16.为缩小管理的跨度,法约尔提出的等级原则是,生产第一线的监工管理(　　)名工人。
   A.11　　　B.15　　　C.17　　　D.9
17.为缩小管理的跨度,法约尔提出的等级原则是,监工以上各级均为(　　)的比数为基础建立等级系列。
   A.8∶1　　　B.7∶1　　　C.4∶1　　　D.3∶1
18.马克斯·韦伯与卡尔·马克思和(　　)并列为现代社会学的三大奠基人。
   A.孔德　　　　　　　B.松巴特
   C.埃米尔·杜尔凯姆　　D.巴斯
19.马克斯·韦伯的理想行政组织机构可以分为三层,其中,行政官员相当于(　　)。
   A.高级管理阶层　　　B.中级管理阶层
   C.基层管理阶层　　　D.初级管理阶层
20.马克斯·韦伯认为,合法型统治是官僚组织结构理论的基础,因为它为管理的( )提供了基础。

A.连续性　　B.合法性　　C.合理性　　D.灵活性

21.马克斯·韦伯认为,在三种纯粹形态的权力中,效率较差的权力是( )。

A.超凡的权力　　　　B.法定的权力

C.传统的权力　　　　D.理性的权力

22.《行政管理原理》一书把各种管理理论加以综合,创造出新的体系,该书的作者是( )。

A.马克斯·韦伯　　　B.林德尔·厄威克

C.泰勒　　　　　　　D.卢瑟·古利克

二、多项选择题

1.下列关于马克斯·韦伯理想的行政集权组织的特点表述正确的有( )。

A.任何机构组织都有明确的目标

B.组织目标的实现必须实行劳动分工

C.按等级制度形成一个指挥链

D.人员关系非人格化

E.人事管理科学合理

2.欧洲著名的管理学家法约尔所论述的管理要素包括( )。

A.计划　　B.组织　　C.指挥

D.协调　　E.控制

3.马克斯·韦伯的理想行政集权组织的主要特点有( )。

A.组织目标的实现必须实行劳动分工

B.组织上应该统一领导

C.合理的法定的权力是行政组织的基础

D.按等级制度形成一个指挥链

E.管理者不是企业的所有者

4.卢瑟·古利克管理七职能论包括计划、组织、指挥、协调和( )等七个职能。

A.预算　　　　B.控制　　　　C.人事

D.报告　　　　E.反馈

5.下列关于古典管理理论的伟大意义的描述,正确的是(　　)。

A.建立了一套有关管理理论的原理、原则、方法等理论

B.建立了有关的组织理论

C.确立了管理学是一门科学

D.奠定了管理学理论的基础

E.推动了管理科学的发展

6.人们将(　　)等统称为古典管理理论。

A.法约尔的管理要素和管理职能理论

B.泰勒的科学管理理论

C.梅奥的人际关系学说理论

D.韦伯的行政组织理论

E.西蒙的决策理论

7.下列表述中属于古典理论历史贡献的有(　　)。

A.古典管理理论是现代管理理论的基础

B.对如今的企业管理有巨大的指导作用

C.古典管理理论适应了当时的生产力发展水平

D.对提高产量、提高生产和工作效率方面具有不可替代的作用

E.古典管理理论是当时生产力发展的产物

8.法约尔六项经营职能包括(　　)。

A.管理活动和商业活动　　　B.财务活动和会计活动

C.技术活动和安全活动　　　D.计划活动和控制活动

E.组织活动

9.马克斯·韦伯指出,任何一种组织都必须以某种形式的权力为基础,他把这种权力划分为三种类型,正确的是(　　)。

A.感性的权力　　　　　　　B.传统的权力

C.法定的权力　　　　　　　D.超凡的权力

E.理性的权力

10.法约尔提出管理人员个人素质的问题,正确的是(　　)。

A.身体健康、体力旺盛　　　B.理解和学习能力
C.有毅力、坚强、勇于负责任　D.从实践中获得知识
E.良好的教育背景

11.韦伯的理想行政组织机构可分为三层,它们分别是(　　)。
A.高级管理层　　　　　　B.初级管理层
C.中级管理层　　　　　　D.基层管理层
E.低层管理层

12.完成对科学管理理论的综合整理、传播和系统化的人是(　　)。
A.泰勒　　　　　　　　　B.法约尔
C.林德尔·厄威克　　　　D.卢瑟·古利克
E.乔治·梅奥

三、简答题

1.根据法约尔的观点,说明统一领导和统一指挥的区别。
2.根据法约尔的理论,"经营"和"管理"有何不同?
3.简述亨利·法约尔所划分的企业活动内容。
4.简述法约尔的管理要素。
5.简述古典管理理论的缺点有哪些。
6.简述韦伯的行政组织体系的特点。
7.简述古典管理理论的基本原则。
8.简述林德尔·厄威克所提出的适合于一切组织的八项管理原则。

四、论述题

1.论述法约尔十四条管理原则内容。
2.论述法约尔及其经营职能和跳板法则?
3.如何评价法约尔的管理思想?
4.论述韦伯的理想官僚组织模式。

♛ 参考答案及评析

一、单项选择题

1.B 2.D 3.A 4.D 5.C 6.C 7.B 8.B 9.D 10.A 11.D 12.C 13.B 14.D 15.B 16.B 17.C 18.C 19.B 20.A 21.C 22.C

二、多项选择题

1.ABCDE 2.ABCDE 3.ADE 4.ACD 5.ABCD 6.ABD 7.ABCDE 8.ABC 9.BCD 10.ABCD 11.ACD 12.CD

三、简答题

1.答：统一指挥是一条基本的原则，是指一个下属人员只应接受一个领导人的命令。统一领导：只能有一个领导人和一项计划，这是统一行动、协调组织中一切力量和努力的必要条件。统一领导和统一指挥的区别在于：人们通过统一领导来完善组织，而通过统一指挥来发挥人员的作用，没有统一领导，就不可能有统一指挥，但是有统一的领导，也不足以保证统一的指挥。

2. 答：法约尔第一次明确区分了"经营"和"管理"的概念。法约尔认为，"经营"是指导或引导一个组织趋向某一既定目标，包括技术、商业、业务、安全和会计五大职能，它的内涵中包括了管理。法约尔通过对企业全部活动的分析，第一次将管理活动从经营职能中提炼出来，成为经营的第六项职能，处在六项职能的核心地位。法约尔提出了普遍意义上的管理定义，即管理是普遍的一种单独活动，有自己的一套知识体系，由各种职能构成，管理者通过完成各种职能来实现目标的一个过程。为了突出管理的实质，法约尔又进一步将管理的要素划分为：计划、组织、指挥、协调和控制。

法约尔认为管理就是计划、组织、指挥、协调和控制。管理的五大职能并不是企业管理者个人的责任，它同企业经营的其他五大活动一样，是种分配于领导人与整个组织成员之间的工作。法约尔认为领导和管理不同，领导是从企业拥有的所有资源中获得尽可能大的利益以引导企业达到目标,就是保证六项基本职能的顺利完成。

3.答:法约尔将企业活动划分为六种。(1)技术活动;(2)商业活动;(3)财务活动;(4)安全活动;(5)会计活动;(6)管理活动。

4.答:法约尔的管理要素是计划、组织、指挥、协调和控制。

(1)计划:在法约尔看来,管理即意味着展望未来,预见是管理的一个基本的因素,任何行动计划都以下列几项为基础:①公司的资源,即建筑物、工业、材料、人员、销售渠道、公共关系等等;②目前正在进行的工作性质;③公司所有的各种活动无法预料的未来发展趋势。好计划的特点:统一性、连续性、灵活性。

(2)组织:就是为企业的经营提供所有必要的原料、设备、资本、人员。其中分为物质组织和社会组织。

(3)指挥:是一种以某些个人品质和对管理一般原则的了解为基础的艺术。要求指挥人员做到:①透彻了解自己的手下人员;②淘汰不胜任的工作人员;③十分通晓约束企业和雇员的协议;④做好榜样;⑤对组织账目定期进行检查,并使用概括的图表来促进这项工作。

(4)协调:是使企业的一切工作和谐配合,以利于企业经营的顺利进行,并且有助于企业取得成功。

(5)控制:要证实企业的各项工作是否已经和计划相符。控制的目的在于指出工作的缺点和错误。

5.答:(1)对人性的研究没有深入进行,对人性的探索仅仅停留在经济人的范畴之内;(2)仅仅把管理的对象看做是一个客观存在,没有把管理对象上升到系统加以认识;(3)着重点是放在管理客观存在的内部,企业的经营管理主要研究的是人和市场,而这两点都是古典管理理论没有进行研究的;(4)对企业发展考虑得非常少。

6.答:韦伯认为理想的行政组织是通过职务和职位来管理的。理想的行政集权组织的主要特点如下:(1)有确定的组织目标;(2)明确的分工;(3)自上而下的等级系统;(4)人员的考评和教育;(5)职业管理人员。管理者有固定的薪金和明文规定的升迁制度,是一种职业管理人员;(6)遵守规则和纪律;(7)组织中人员之间的关系。组织中人员之间的关系完全以理性准则为指导,不受个人情感的影响。

7.答:概括地说,古典管理理论的基本原则有八项。(1)为组织机构配备合适的人员;(2)一个最高的主管或一个人管理的原则,即不要用委员会来进行管理;(3)统一指挥;(4)专业参谋和一般参谋;(5)工作部门化原则;(6)授权原则;(7)责权相符原则;(8)控制幅度原则。

以上的八项管理原则基本上代表了古典管理理论在管理原则这一问题上的观点。古典管理理论阶段的研究侧重于从管理职能、组织方式等方面研究效率问题,对人的心理因素考虑很少或根本不去考虑。

8.答:林德尔·厄威克提出了适用于一切组织的八项原则。(1)目标原则;(2)相符原则;(3)职责原则;(4)组织阶层原则;(5)控制幅度原则;(6)专业化原则;(7)协调原则;(8)明确性原则。

四、论述题

1.答:(1)劳动分工;

(2)权力和责任:权力是指挥和要求别人服从的力量。权力分为制度权力和个人权力,制度权力是由职位和地位产生的,个人权力与个人的智慧、学识、经验、道德品质和领导能力有关。责任和权力是相互的,凡有权力的地方就有责任。

(3)纪律:必须由统一的纪律来规范人的行为。

(4)统一指挥:是一条基本的原则,是指一个下属人员只应接受一个领导人的命令。

(5)统一领导:只能有一个领导人和一项计划,这是统一行动,协调组织中一切力量和努力的必要条件。统一领导和统一指挥的区别在于:人们通过统一领导来完善组织,而通过统一指挥来发挥人员的作用,没有统一领导,就不可能有统一指挥,但是有统一的领导,也不足以保证统一的指挥。

(6)个人利益服从集体利益。

(7)人员的报酬必须符合三个条件:①确保报酬公平;②奖励努力工作者以激发他人热情;③报酬不应超过合理的限度。

（8）集中：讨论了管理的集权与分权的问题。影响集权与分权的主要因素是：组织规模、领导者与被领导者的个人能力和工作经验以及环境的特点。

（9）等级制度：是从组织的最高权力机构直至基层管理人员的领导系列，它并不是最迅速的途径。

（10）秩序。

（11）公平。

（12）人员的稳定：对企业管理人员来说尤为重要。

（13）首创精神：指人员在工作中的主动性和创造性。

（14）人员的团结：管理人员应该具有的特别能力的品质是身体条件、智力条件、精神条件、通用知识、专门知识、经验。

2.答：(1)法约尔(1841－1925年)：法国人，"办公桌前的总经理"曾长期担任大企业的总经理。主要著作：《工业管理和一般管理》，被称为"经营管理之父"。

(2)充实和明确了管理的概念。他认为，企业的经营有六项不同的职能，管理只是其中之一项。这六项职能是技术职能(指生产、制造、加工)、商业职能(指购买、销售、交换)、财务职能(指资金的筹集和运用)、安全职能(指维护设备与保护职工安全)、会计职能(包括存货盘点、资产负债表的制作、核算、统计等)、管理职能(包括计划、组织、指挥、协调和控制)。管理处于核心地位。

法约尔跳板法则：在遇到一些需要快速办理的事情时，为提高办事效率，需要跳过原有的管理路径，在平行的两者之间建立直接联系的渠道，即建立跳板或天桥；若两者无法协调，再报告上级，由上级协调。这一情况下称作管理过程中的跳板法则。法约尔"跳板"理论旨在保持命令统一的情况下，迅速而及时地解决一般事务，从而使组织最上层得以从繁杂的事务中摆脱出来，专注于一些重大问题。

3.答：管理思想的发展既是文化环境的产物，又是文化环境的过程。它伴随着文化模式、道德水准和社会制度的变迁而不断向前发展。只有站在这个高度，才能真正领会到法约尔一般管理理论中所蕴含的精神实质。

(1)法约尔对管理"普遍性"的论述是管理思想发展上的一个重大贡献。法约尔提出：①管理是可以应用于一切事业的一种独立活动；②随着一个人在职务上的提升，越来越需要管理活动；③管理知识是可以传授的。

(2)法约尔的管理思想具有很强的系统性和理论性。虽然法约尔的管理思想与泰勒的管理思想都是古典管理思想的代表，但法约尔管理思想的系统性和理论性更强，后人根据他建立的构架，建立了管理学并把它引入了课堂。法约尔的贡献是在管理的范畴、管理的组织理论、管理的原则方面提出了崭新的观点，为以后管理理论的发展奠定了基础。

(3)法约尔的一般管理理论被誉为管理史上的第二座丰碑。这一理论作为西方古典管理思想的重要代表，后来成为管理过程学派的理论基础(该学派将法约尔尊奉为开山祖师)，也是以后各种管理理论和管理实践的重要依据，对管理理论的发展和企业管理的进程均有着深远的影响。对管理五大职能的分析为管理科学提供了一套科学的理论构架，经过多年的研究和实践证明，总的来说仍然是正确的，现在仍然为许多人所推崇。因此，继泰勒的科学管理之后，一般管理也被誉为管理史上的第二座丰碑。

但应该认识到法约尔的管理理论并不是包罗万象、一成不变的。正如他自己所强调的，这些原则并不完整，也不是一成不变的，它不能回答特殊的问题，他不主张在实际工作中盲目地、刻板地套用这些原则，而应结合具体管理情况来灵活运用它们。法约尔一般管理理论的主要不足之处是他的管理原则缺乏弹性，以至于有时实际管理工作者无法完全遵守。

时至今日，法约尔的一般管理思想仍然闪耀着光芒，其管理原则仍然可以作为我们管理实践的指南。

4.答：韦伯的理想官僚组织模式具有下列特征。

(1)组织中的人员应有固定和正式的职责并依法行使职权。组织是根据合法程序制订的，应有其明确目标，并靠着这一套完整的法规制度，组织与规范成员的行为，以期有效地追求与达到组织的目标。

(2)组织的结构是一层层控制的体系。在组织内,按照地位的高低规定成员间命令与服从的关系。

(3)人与工作的关系。成员间的关系只有对事的关系而无对人的关系。

(4)成员的选用与保障。每一职位根据其资格限制(资历或学历),按自由契约原则,经公开考试合格予以使用,务求人尽其才。

(5)专业分工与技术训练。对成员进行合理分工并明确每人的工作范围及权责,然后通过技术培训来提高工作效率。

(6)成员的工资及升迁。按职位支付薪金,并建立奖惩与升迁制度,使成员安心工作,培养其事业心。

韦伯对理想的官僚组织模式的描绘,为行政组织指明了一条制度化的组织准则,这是他在管理思想上的最大贡献。

作为韦伯组织理论的基础,官僚制在19世纪已盛行于欧洲。韦伯从事实出发,把人类行为规律性地服从于一套规则作为社会学分析的基础。他认为一套支配行为的特殊规则的存在,是组织概念的本质所在。没有它们,将无从判断组织性行为。这些规则对行政人员的作用是双重的:一方面他们自己的行为受其制约,另一方面他们有责任监督其他成员服从于这些规则。韦伯理论的主要创新之处来源于他对有关官僚制效率争论的忽略,而把目光投向其准确性、连续性、纪律性、严整性与可靠性。韦伯这种强调规则、强调能力、强调知识的行政组织理论为社会发展提供了一种高效率、合乎理性的管理体制。现在管理理论中普遍采用的高、中、低三层次管理就是源于他的理论。行政组织化是人类社会不可避免的进程,韦伯的理想行政组织体系自出现以来得到了广泛的应用,它已经成为各类社会组织的主要形式。韦伯的行政组织理论虽然不是管理思想的全新开创,只是社会实践的理论总结,但认同其思想对现代组织行为具有现实指导意义。

第七章　行为科学理论的产生和发展

知识网络

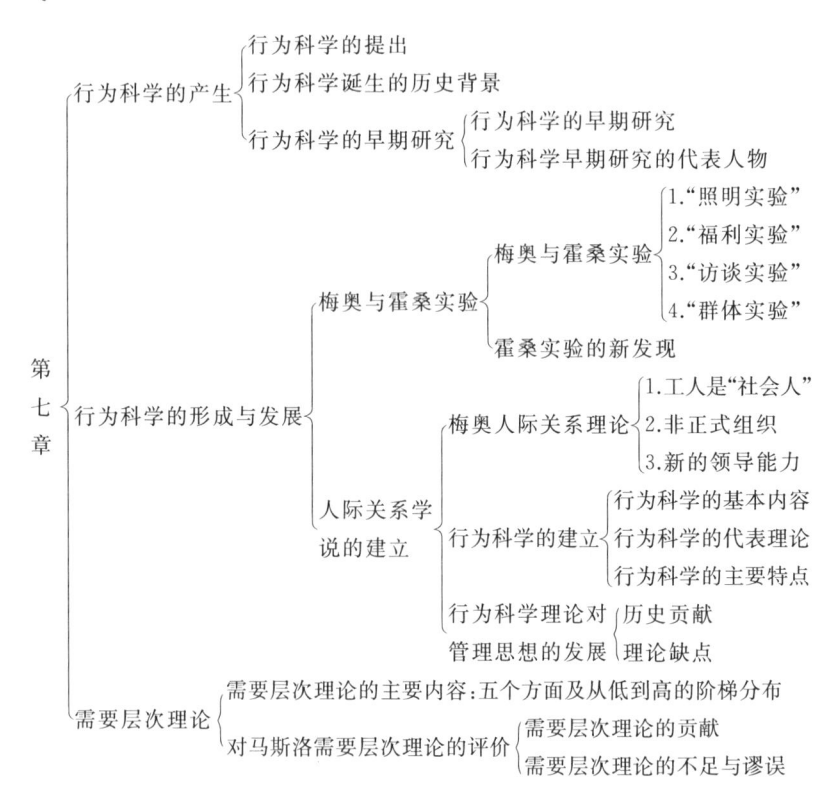

第七章
- 行为科学的产生
  - 行为科学的提出
  - 行为科学诞生的历史背景
  - 行为科学的早期研究
    - 行为科学的早期研究
    - 行为科学早期研究的代表人物
- 行为科学的形成与发展
  - 梅奥与霍桑实验
    - 梅奥与霍桑实验
      - 1."照明实验"
      - 2."福利实验"
      - 3."访谈实验"
      - 4."群体实验"
    - 霍桑实验的新发现
  - 人际关系学说的建立
    - 梅奥人际关系理论
      - 1.工人是"社会人"
      - 2.非正式组织
      - 3.新的领导能力
    - 行为科学的建立
      - 行为科学的基本内容
      - 行为科学的代表理论
      - 行为科学的主要特点
  - 行为科学理论对管理思想的发展
    - 历史贡献
    - 理论缺点
- 需要层次理论
  - 需要层次理论的主要内容：五个方面及从低到高的阶梯分布
  - 对马斯洛需要层次理论的评价
    - 需要层次理论的贡献
    - 需要层次理论的不足与谬误

第七章 行为科学理论的产生和发展

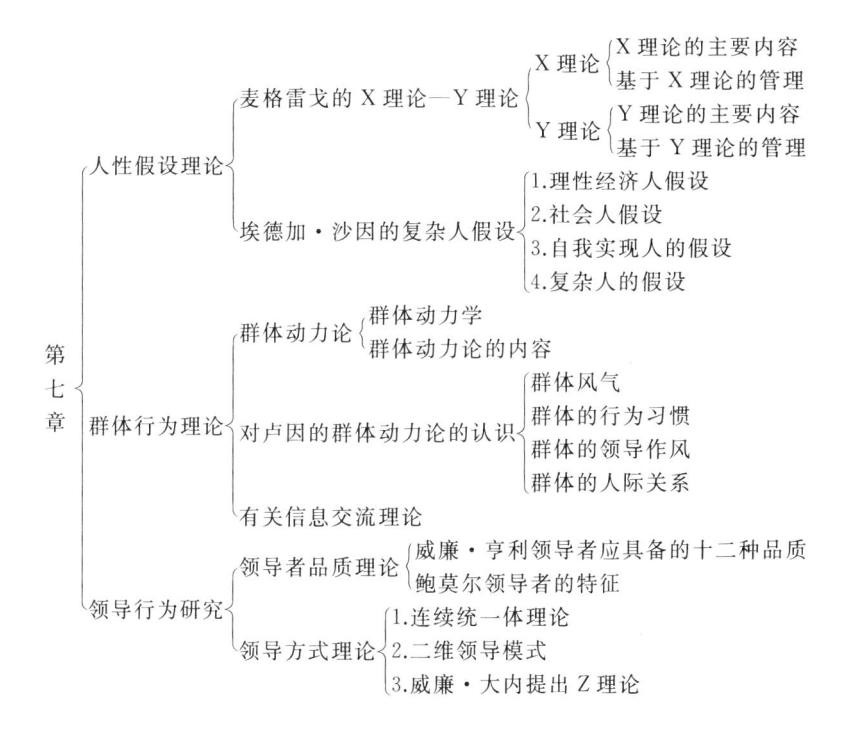

$$
\text{第七章}\begin{cases}
人性假设理论\begin{cases}
麦格雷戈的X理论—Y理论\begin{cases}
X理论\begin{cases}X理论的主要内容\\基于X理论的管理\end{cases}\\
Y理论\begin{cases}Y理论的主要内容\\基于Y理论的管理\end{cases}
\end{cases}\\
埃德加·沙因的复杂人假设\begin{cases}1.理性经济人假设\\2.社会人假设\\3.自我实现人的假设\\4.复杂人的假设\end{cases}
\end{cases}\\
群体行为理论\begin{cases}
群体动力论\begin{cases}群体动力学\\群体动力论的内容\end{cases}\\
对卢因的群体动力论的认识\begin{cases}群体风气\\群体的行为习惯\\群体的领导作风\\群体的人际关系\end{cases}\\
有关信息交流理论
\end{cases}\\
领导行为研究\begin{cases}
领导者品质理论\begin{cases}威廉·亨利领导者应具备的十二种品质\\鲍莫尔领导者的特征\end{cases}\\
领导方式理论\begin{cases}1.连续统一体理论\\2.二维领导模式\\3.威廉·大内提出Z理论\end{cases}
\end{cases}
\end{cases}
$$

学习目的与要求

通过对本章的学习,了解行为科学产生的历史背景以及行为科学的发展脉络。理解霍桑实验的顺利进行对人际关系学说建立的重要性。掌握马斯洛的需要层次理论、人性假设理论、群体动力理论和领导行为研究理论的准确表达。本章要求考生识记行为科学理论所包含的理论学说,对所有理论以辩证的方法予以分析和判断。

考核重点

1.行为科学产生的历史背景。

2.行为科学的概念。

3.行为科学研究的主要内容。

4.人际关系学说。

5.人际关系学说的理论要点。

6.需要层次理论。

7.弗雷德里克·赫茨伯格"双因素理论"。

8.戴维·麦克利兰提出"成就需要论"。

9.道格拉斯·麦格雷戈,"X理论—Y理论"。

10.埃德加·沙因提出四种人性假设。

11.群体行为理论。

12.领导品质理论。

13.行为科学理论对管理思想史作出的贡献。

14.对人际关系学说的评价。

15.弗里茨·罗特利斯伯格。

16.管理方格理论。

同步强化训练

一、单项选择题

1.行为科学产生于20世纪二三十年代。它正式被命名为行为科学,是在1949年美国(　　)的一次跨学科的科学会议上。
　A.纽约　　　B.芝加哥　　　C.佛罗里达　　D.华盛顿

2.(　　)指出,人除了有经济方面的需要以外,还有社会方面、心理方面的需要。
　A.乔治·梅奥　　　　　　B.霍桑
　C.亚伯拉罕·马斯洛　　　D.埃德加·沙因

3.马斯洛的需要层次理论是在(　　)一书中提出的。
　A.《组织中的人》　　　　B.《伦理和现代组织》
　C.《管理和士气》　　　　D.《人类动机理论》

4.美国的行为科学家(　　)在1965年出版的《组织心理学》中对人性进行了归类并提出了四种人性假设。

A.乔治·梅奥　　　　　　B.霍桑

C.道格拉斯·麦格雷戈　　D.埃德加·沙因

5.企业管理当局必须对工厂管理人员进行训练。使他们能更好地倾听和了解工人的个人情绪和实际问题。这是(　　)实验得出的结论。

A.霍桑实验　　　　　　B.访谈实验

C.梅奥实验　　　　　　D."社会人"假设

6.在非正式组织中以(　　)为重要标准。

A.效率的逻辑　　　　　B.利益最大的逻辑

C.感情的逻辑　　　　　D.产品为主的逻辑

7."如果我们的社会技能(即我们保证人们之间进行协作的能力)同我们的技术技能同步向前发展,就不会有另一次欧洲大战了。"这段话是(　　)指出的。

A.亚当·斯密　　　　　B.大卫·李嘉图

C.乔治·梅奥　　　　　D.罗特利斯伯格

8.罗特利斯伯格在(　　)一书中指出:"一个人是不是全心全意地为组织提供他的服务,在很大程度上取决于他对他的工作、对他工作上的同伴和他的上级的感觉。"

A.《科学管理原理》　　B.《组织心理学》

C.《人类动机理论》　　D.《管理和士气》

9."人生而不求上进,不愿负责,宁愿听命于人"是(　　)对人性的假设。

A.X 理论　　　　　　　B.Y 理论

C.复杂人假设　　　　　D.马斯洛需求层次理论

10.马斯洛的需要层次论中最高级的需要是(　　)。

A.生理需要　　　　　　B.自我实现需要

C.社会需要　　　　　　D.尊重需要

11."人们最期望领导能承认并能满足他们的社会需要。"这是有关人类特性的假设中(　　)的内容。

A."经济人"假设　　　　B."复杂人"假设

C."社会人"假设　　　　　D."自我实现人"假设

12.第一次世界大战和俄国十月革命使得世界经济体系出现了全新的格局,资本主义国家政治矛盾激化,阶级斗争和革命运动一度出现高潮,这是行为科学产生的(　　)。
A.政治背景　　　　　　B.经济背景
C.人文背景　　　　　　D.时代背景

13.罗特利斯伯格在1960年为再版的梅奥于1933年写的(　　)一书写的前言中。用"组织行为学"这一名称来指梅奥开创的这门学科。
A.《工业文明的人类问题》
B.《人类动机理论》
C.《组织心理学》
D.《管理和士气》

14.英国的心理学家、工业心理学家(　　)的著作主要有:《心理学在今日的应用》(1918年)、《英国的工业心理学》(1925年)、《工商企业合理化》(1932年)等。
A.穆齐西奥　　B.斯科特　　C.索利尔　　D.迈尔斯

15.管理理论中的Z理论的提出者是(　　)。
A.坦南鲍姆　　　　　　B.威廉·大内
C.施密特　　　　　　　D.布莱克

16.行为科学产生于(　　)。
A.19世纪30年代　　　　B.19世纪80年代
C.20世纪二三十年代　　D.20世纪40年代

17.按照赫茨伯格激励—保健因素的理解系,下列属于激励因素的是(　　)。
A.金钱　　B.地位　　C.工作环境　　D.成就

18.在人性研究有代表性成果的X理论-Y理论的提出者是(　　)。
A.道格拉斯·麦格雷戈　　B.亚伯拉罕·马斯洛
C.麦克利兰　　　　　　　D.埃德加·沙因

19.在马斯洛的人类需要层次论中,作为人类最基本的也是推动力最强大的需要是(　　)。
   A.生理需要　　　　　　　B.安全需要
   C.感情和归属需要　　　　D.自我实现的需要

20.埃德加·沙因认为,解释组织文化的生成过程要综合使用群体力学理论、领导理论和(　　)。
   A.学习理论　　B.Z理论　　C.X理论　　D.进化理论

21.美国行为科学家麦克利兰认为人有三类基本激励需要:对权力的需要、对社交的需要以及(　　)。
   A.对安全的需要　　　　　B.对自我实现的需要
   C.对关系的需要　　　　　D.对成就的需要

22.以下因素属于赫茨伯格所提出的激励因素是(　　)。
   A.上进心　　B.金钱　　C.安全　　D.地位

23.属于领导行为的研究的是(　　)。
   A.阿希的群体压力规范理论
   B.麦克利兰的成就需要论
   C.坦南鲍姆等人提出的连续统一体理论
   D.勒温的群体动力学理论

24.在管理方格图中,"9.1"型表示的是(　　)。
   A.贫乏型管理　　　　　　B.任务型管理
   C.乡村俱乐部型管理　　　D.理想型管理

25.管理学家和政治哲学家福莱特来自(　　)。
   A.德国　　B.英国　　C.澳大利亚　　D.美国

26.英国心理学家迈尔斯是工业心理学在英国的先驱者,他于1918年出版了(　　)。
   A.《英国的工业心理学》　B.《心理学在今日的应用》
   C.《工商企业合理化》　　D.《管理的哲学》

27.早期行为科学、人际关系学说的创始人为原籍澳大利亚的美国管理学家(　　)。
   A.乔治·梅奥　　　　　　B.马斯洛

C.勒温   D.埃德加·沙因

28.霍桑实验中的继电器装配实验又称为(   )。
　A.照明实验   B.福利实验
　C.访谈实验   D.群体实验

29.霍桑实验中的继电器绕线组的工作室实验又称为(   )。
　A.照明实验   B.福利实验
　C.访谈实验   D.群体实验

30.行为科学总结个体行为一般规律的公式是(   )。
　A.$B=f(e,f)$ B.$B=f(P,f)$
　C.$B=f(P,E)$ D.$P=f(e,f)$

31.美国行为科学家埃德加·沙因对人性进行了归类,并提出了(   )种人性假设。
　A.2   B.3   C.4   D.5

32.马斯洛认为,人在自我实现的创造性过程中产生的一种处于最激荡人心的时刻,是人的存在的最高、最完美和最和谐的状态,这种状态被称为(   )。
　A.快感体验   B.成功体验
　C.顶峰体验   D.高峰体验

33.卢因提出的"群体动力理论"的函数式为$B=f(P,E)$,其中,P代表的是(   )。
　A.个人行为   B.个体内在需要
　C.环境外力   D.个人情感

二、多项选择题

1.许多行为科学家对行为科学做了更细致深入的研究,从"理性经济人"假设发展到(   )和"复杂人"假设等,研究的内容更为广泛。
　A."经济人"   B."社会人"
　C."理性人"   D."自我现实人"
　E."决策人"

2.通过霍桑实验,梅奥建立了人际关系学说,其主要内容有( )。
   A.职工是社会人
   B.职工是经济人
   C.企业中存在非正式组织
   D.新型的领导能力在于提高职工的满足程度
   E.领导者能力在于提高劳动生产率

3.埃德加·沙因在其《组织心理学》一书中对人性进行的假设有( )。
   A.理性经济人假设   B.社会人假设
   C.管理人假设   D.自我实现的人假设
   E.复杂人假设

4.下列关于托马斯·彼得斯表述正确的有( )。
   A.他是美国最负有盛名的管理学大师
   B.他与人合著《追求卓越》和《志在成功》
   C.提出管理的八条原则
   D.用心理学的研究成果来寻求调动人的最大潜力
   E.他本人拥有坚实的学术背景

5.霍桑实验包括( )。
   A.搬运铁块实验   B.车间照明实验
   C.继电器装配实验   D.继电器绕线组的工作室实验
   E.大规模的访谈计划

6.美国的管理学家和政治哲学家福莱特的主要著作有( )。
   A.《自由和协作》   B.《新国家》
   C.《企业心理学》   D.《心理学和工业效率》
   E.《动态的管理》

7.以下是梅奥人际关系理论的观点的是( )。
   A.工人是"社会人"而不是"经济人"
   B.工人是"经济人"而不是"社会人"
   C.企业中存在着非正式组织

D.企业中不存在非正式组织

E.新的领导能力在于提高工人的满意度

8.（　　）提出了"管理方格图"。

A.利克特　　　B.布莱克　　　C.赫茨伯格

D.莫顿　　　　E.哈林顿·埃默森

9.以下是行为科学管理理论的主要特点的是（　　）。

A.吸收和借鉴相关学科成果形成了完善的学科体系

B.提出了非正式组织的作用

C.提出了一系列具体要求以提高管理水平

D.突出人的因素和对人的研究

E.提出了正式组织的作用

10.马斯洛理论中最低需求层次和最高需求层次分别是（　　）。

A.安全需求　　　　　　　B.生理需求

C.自我实现需求　　　　　D.归属与感情的需求

E.尊重需求

11.美国行为科学家埃德加·沙因在1965年出版的《组织心理学》中提出了（　　）人性假设。

A.理性经济人假设　　　　B.自我实现人假设

C.社会人假设　　　　　　D.复杂人假设

E.决策人假设

12.布莱克和莫顿的管理方格理论从对事的关心与对人的关心两个角度将领导方式划分为（　　）。

A.贫乏型管理　　　　　　B.任务型管理

C.俱乐部型管理　　　　　D.中间型管理

E.理想型管理

13.下列属于工业心理学的创始人的有（　　）。

A.芒斯特伯格　　B.索利尔　　C.斯科特

D.穆齐西奥　　　E.K.勒温

14.美国管理学家克拉克的主要著作有（　　）。

A.《工长技术》　　　　　B.《组织工程学》

C.《甘特图表:管理的一个行之有效的工具》
D.《生产手册》　　　　　　　　E.《管理的哲学》

15.乔治·梅奥提出,现代大工业的管理必须解决的三项基本任务是(　　)。
A.将科学和技术应用于物质资料的生产
B.系统化地建立生产经营活动的秩序
C.组织工作,其实质是在工作集体中实现持久的合作和协调
D.管理人员应该特别了解基层工人
E.管理人员应对基层工人适度放权

16.行为科学的基本内容有(　　)。
A.个体行为研究　　　　　　B.动机与激励理论
C.群体行为研究　　　　　　D.组织行为
E.人性管理理论

17.马斯洛理论中处于小康阶段的需求是(　　)。
A.安全需求　　　　　　　　B.生理需求
C.自我实现需求　　　　　　D.社会需求
E.尊重需求

18.根据群体动力论,群体的三要素是(　　)。
A.目标　　　B.活动　　　C.情绪
D.相互影响　　E.行为习惯

19.群体气氛主要包括(　　)。
A.群体风气　　　　　　　　B.行为习惯
C.群体的领导作风　　　　　D.群体的人际关系
E.群体观念

20.群体动力理论在方法论上的特点有(　　)。
A.注重实验和调查等实证方法
B.重视群体生活的动力性和相互关联性
C.与其他一切社会科学有着广泛的关联性
D.重视研究成果在社会生活中应用的可能性
E.注重群体成员间的相互关系

21.非正式信息交流渠道主要有( )。
   A.单线式   B.流言式   C.偶然式
   D.集束式   E.单循环式
22.连续统一体理论的提出者是( )。
   A.坦南鲍姆   B.鲍莫尔   C.施密特
   D.威廉·大内 E.布莱克

三、简答题

1.简述马斯洛的人类需要层次论。
2.简述赫茨伯格的双因素理论。
3.简述人际关系学说的主要观点。
4.简述行为科学理论的缺点。
5.简述复杂人假设的基本内容。
6.霍桑实验的主要内容。
7.简述从霍桑实验中得出的非正式组织对工人所起的两种作用。
8.简述行为科学的代表理论。
9.简述行为科学的主要特点。

四、论述题

1.论述行为科学产生的历史背景。
2.论述梅奥对管理思想发展的贡献。
3.人际关系学说建立的现实意义。
4.试对行为科学理论进行客观评价。
5.论述Y理论的主要内容。
6.比较A型组织和Z型组织的不同。
7.论述赫茨伯格的双因素理论。
8.试论管理方格论的内涵及现实意义。
9.论述激励理论的发展前景。
10.论述行为科学的研究成果对今天的企业在人力资源管理上的指导作用。

参考答案及评析

一、单项选择题

1.B 2.A 3.D 4.D 5.B 6.C 7.C 8.D 9.A 10.B 11.C 12.A 13.A 14.D 15.B 16.C 17.D 18.A 19.A 20.A 21.D 22.A 23.C 24.B 25.D 26.B 27.A 28.B 29.D 30.C 31.C 32.D 33.B

二、多项选择题

1.BD 2.ACD 3.ABDE 4.ABC 5.BCDE 6.ABE 7.ACE 8.BD 9.ABCD 10.BC 11.ABCD 12.ABCDE 13.ABCD 14.ACD 15.ABC 16.ABCD 17.DE 18.BCD 19.ABCD 20.ABCD 21.ABCD 22.AC

三、简答题

1.答:马斯洛把人的各种需要归纳为五大类,这五大类需要是互相作用的,按其重要性和发生的先后次序,可排成一个需要的等级图。第一级:生理上的需要;第二级:安全上的需要;第三级:感情和归属上的需要;第四级:地位或受人尊重的需要;第五级:自我实现的需要,这是最高一级的需要,指一个人需要做他最适宜的工作,发挥他最大的潜力,实现理想,并能不断地自我创造和发展。

2.答:赫茨伯格的双因素理论——激励因素-保健因素双因素理论把企业中有关因素分为满意和不满意两类。满意因素可以使人得到满足,它属于激励因素,这是适合人的心理成长因素,如成就、赞赏、工作内容本身、责任感、上进心等。不满意因素是指缺乏这些因素时容易产生不满和消极的情绪,即保健因素,包括:金钱、监督、地位、个人生活、安全、工作环境、政策及人际关系等。

3.答:人际关系学说的主要观点为:(1)工人是"社会人"而不是"经济人"。梅奥认为,人们的行为并不单纯出自追求金钱的动机,还有社会方面的、心理方面的需求。(2)企业中存在着非正式组织。非正式组织与正式组织,相互依存,而且会通过影响工人的工作态度来影响企业的生产效率和目标的达成。因此,管理人员应该正视这种非正式组织的存在,利用非正式组织为正式组织的活动和目标服务。

(3)新的领导能力在于提高工人的满意度。要提高生产效率,就要提高职工的士气,而提高职工积极性就要努力提高职工的满足程度。

4.答:(1)他们过于强调人的作用,忽视了经济技术等方面的考虑;(2)行为科学家在研究人类行为时,将人类行为原因的复杂系统视为是结构间相互依赖且具功能性的关系网络,而行为科学的角色是去"孤立"这些结构,来查找行为的原因。

5.答:复杂人的假设是沙因提出的。沙因认为,前面三种假设,各自反映出当时的时代背景,并适合于某些人和某些场合。但是,人有着复杂的动机,不能简单地归结为一两种。沙因提出,复杂人假设的内容有五点。

(1)每个人都有不同的需要和不同的能力,工作的动机不但是复杂的而且变动性很大。

(2)一个人在组织中可以学到新的需求和动机,因此一个人在组织中的表现的动机模式是他原来的动机模式与组织经验交互作用的结果。

(3)人在不同的组织和不同的部门中可能有不同的动机模式,在正式组织中与别人不能合群,可能在非正式组织中能满足其社会需要和自我实现的需要。

(4)一个人是否感到心满意足,肯为组织出力,决定于他本身的动机构造和他同组织之间的相互关系、工作的性质、本人的工作能力和技术水平、动机的强弱以及与同事间相处的状况。

(5)人可以依自己的动机、能力及工作性质对不同的管理方式做出不同的反应。

6.答:(1)车间照明实验。实验目的是研究照明情况对生产效率的影响。

(2)电话继电器装配实验。实验目的是了解各种工作条件的变动对小组生产效率的影响,以便能够更有效地控制影响工作效率的因素。

(3)访谈计划实验。实验目的为了解职工对现有管理方式的意见,为改进管理方式提供依据。

(4)继电器绕线组的工作室实验。为了研究非正式组织的行为、规范及其奖惩对工人生产率的影响而设计出来的一组试验。

7.答:(1)保护工人免受内部成员疏忽所造成的损失,如生产过多以至提高生产定额,或生产过少引起管理当局的不满,并加重同伴的负担;(2)保护工人免受非正式组织以外的管理人员干涉所形成的损失。

8.答:行为科学有五个代表理论。(1)早期的人际关系理论;(2)人类需要层次理论;(3)人性管理理论;(4)群体行为理论;(5)领导行为理论。

9.答:行为科学的主要特点有四点。第一,突出人的因素和对人的研究。第二,吸收和借鉴相关学科成果形成完善的学科体系。第三,提出了非正式组织的作用。第四,提出了一系列具体要求以提高管理水平。

四、论述题

1.答:(1)行为科学产生的政治背景。第一次世界大战和俄国十月革命使得世界经济体系出现了全新的格局,资本主义国家政治矛盾激化,阶级斗争和革命运动一度出现高潮,这是行为科学产生的政治背景。

(2)行为科学产生的经济背景。经济和科学技术的发展以及周期性经济危机的加剧,使得企业主感到单纯用传统管理理论已不能有效地控制工人,提高劳动生产率和增加利润。有些管理学家和心理学家意识到社会化大生产的发展需要有一种与之相适应的新的管理理论。这就为行为科学的产生奠定了社会经济基础。

(3)行为科学产生的人文背景。资本家为了摆脱危机,缓解劳资双方的矛盾,开始对传统的经济学理论和泰勒的科学管理进行了思考。反思的结果是,在经济学方面,凯恩斯主义的兴起为资本主义持续发展开出了药方;在管理学方面对人的研究,梅奥开辟了行为研究的方向。行为科学就在大萧条中的霍桑实验后开始兴旺起来了。

2.答:梅奥是原籍澳大利亚的美国管理学家,主持了著名的霍桑试验,是早期行为科学——人际关系学说的奠基人。先后发表《工业文明的人类问题》、《工业文明的社会问题》、《工业中的团体压力》等著作。梅奥在早期的研究中就发现,工人的问题不能用任何一种单独的因素来解释,必须在"总体情况的心理学"中来探讨。梅奥把组织作为一个社会系统来看待。他在1926年进入哈佛大学从事工业研究,不久就参加了霍桑实验,并于1933年发表了《工业文明的人类问题》一书,总结了霍桑实验前一阶段的工作。以后,他又陆续地进行这项实验,并于1945年发表了《工业文明的社会问题》一书,进一步概括霍桑实验的成果,认为解释霍桑实验秘密的关键因素是小组精神状态的一种巨大变化。总之,梅奥对管理思想的发展作出了突出贡献,表现在以下几点。

第一,梅奥突出人的因素和对人的研究,反映了人类社会发展的进步要求。梅奥提倡以人为本的思想,以人力资源为首要资源,高度重视对人力资源的开发和利用,提倡以人道主义的态度对待工人,通过改善劳动条件,提高劳动者工作生活的质量,培训劳动者的生产技能,调动人的积极性,进而提高劳动效率。这些思想有利于推动生产发展和社会进步。

第二,梅奥吸收和借鉴相关学科成果形成了完善的学科体系。提出了一些调动人的积极性的学说和方法,并在企业中实际应用,收到了相当好的效果。许多管理学家、社会学家和心理学家从行为的特点、行为的环境、行为的过程以及行为的原因等多个角度开展对人的行为的研究,形成了一系列的理论,使行为科学成为现代西方管理理论的一个重要流派。

第三,梅奥提出了非正式组织的作用。梅奥提出,工人在企业内部共同劳动的过程中,必然会发生一些工作以外的联系,这种联系会加深他们的相互了解,从而能形成某种共识,建立起一定程度的感情,逐渐发展成为一种相对稳定的非正式组织。梅奥认为,不管承认与否,非正式组织都是存在的。它与正式组织相互依存,而且会通过影响工人的工作态度来影响企业的生产效率和目标的达成,因此管理人员应该正视这种非正式组织的存在,利用非正式组织为正式组织的活动和目标服务。

3.答:人际关系学说建立的现实意义如下。

(1)职工是"社会人"。"社会人"是人际关系学说对人性的基本假设。这种假设认为人不仅有经济和物质方面的需要,而且还有社会及心理方面的需要。梅奥等人认为,职工是社会人,必须从社会系统的角度来对待他们。

(2)在正式组织中存在着非正式组织。所谓正式组织就是传统管理理论所指出的,为了有效地实现企业的目标,规定企业各成员之间相互关系和职责范围的一定组织体系。梅奥认为,在正式的法定关系掩盖下都存在着非正式群体构成的更为复杂的关系体系。它同正式组织相互依存,对生产率的提高有很大的影响。

(3)新型的管理者的管理能力在于提高职工的满足度。梅奥认为,工作条件、工资报酬并不是决定生产效率高低的首要因素,首要因素是工人的士气,而工人的士气又同满足率有关。工人的满足率越高,生产效率就越高。新型的管理者的管理能力在于提高职工的满足度,以鼓舞职工的士气,提高劳动生产率。罗特利斯伯格在《管理和士气》一书中指出,"一个人是不是全心全意地为组织提供他的服务,在很大程度上取决于他对他的工作、对他工作上的同伴和他上级的感觉。"所谓职工的满足度主要是指职工的安全的感觉和归属的感觉等社会需求方面的满足程度而言。梅奥指出了决定工作满意度的六个主要因素:①报酬;②工作本身;③提升;④管理;⑤工作组织;⑥工作条件。

4.答:行为科学是利用许多学科的知识来研究人的行为变化规律,以预测、控制、引导和激励人的行为,达到充分发挥,调动人的积极性的目的的科学。行为科学具有其值得肯定的部分,它包含有科学的成分,反映了人类社会发展的进步要求,重视人力资源的开发和利用,吸收了心理学、社会学、人类学等学科的科学知识,应用社会调查、观察测验、典型试验、案例研究等科学方法对人的行为,特别是职工在生产中的行为进行研究,提出了一些调动人的积极性的学说和方法,并在企业中实际应用,收到相当的效果。

行为科学也存在着许多缺陷,有些方面的看法不够全面和科学,过于强调非正式组织而忽视正式组织的重要作用,有些假设、模型和所谓的理论、学说还缺乏足够的数据资料和严密的逻辑推理,有些术语的概念还不够确切和一致,各个行为科学家的主张也有较大的分歧,还没有形成一个大家公认的严密的科学体系等。

5.答:Y理论主要内容有以下六方面。①人并非生性懒惰,要求工作是人的本能。②一般人在适当的鼓励下,不但能接受责任,而且追求担负责任,逃避责任并非是人的正确性,而是经验的结果。③外来的控制和处罚,并不是使人朝着组织的目标而努力的方法。④个人目标与组织目标的统一,是人们对组织目标的承诺。就能运用自我指导和自我控制来使二者协调。⑤所谓的承诺,与达到目标后获得的报酬是直接相关的,它是达成目标的报酬函数。⑥一般人都具有相当高的解决问题的能力和想象力。

6.答:A型组织与Z型组织最大的不同主要体现在以下5个方面:(1)A型组织对员工实行短期雇佣,Z型组织对员工实行长期或终身雇用制。(2)A型组织对员工实行迅速的评价和升级,Z型组织实行缓慢的评价和升级。(3)A型组织要求员工具有专业化的经历道路,Z型组织培养适应各种工作环境的多专多能型人才。(4)A型组织实行个体的决策过程,而Z型组织采取集体研究与个人负责相结合的决策方式及吸收有关人员共同讨论、协商,最后由领导做决策并承担责任。(5)A型组织注重局部关系,而Z型组织要求人们树立整体观念与自我相结合的理念。

7.答:(1)双因素理论的内涵:赫茨伯格认为,属于激励因素的有:成就、赏识、工作本身、责任、进步等。属于保健因素的有:公司的政策和管理、监督、工资、同事关系、工作条件等。但是,这两类因素有若干重叠。例如,赏识属于激励因素,基本上起积极作用;但当没有受到赏识时,又可起消极作用。赫茨伯格还认为,提高工作效率的关键不在于使工作合理化,而在于使工作丰富化,以便有效地利用人力资源。他不主张用工作扩大化这个词,认为工作扩大化只是把工作的范围设计得更大些,经验证明它并不能取得成功。只有工作丰富化才能为职工的心理成长提供机会。

(2)公平理论的主要内容:公平理论反映了"每一个人都应该公平地得到报酬"这一原则是否得到贯彻,及其在激励方面的作用。公平理论认为,对一个职工的激励力是他感觉到的"自己的报酬对投入的收支比率"同他感觉到的"其他职工的报酬对投入的收支比率"(或"自己现在的报酬对投入的收支比率对自己过去的报酬对投入的收支比率")相比以后的结果。如果以 A 代表前者,以 B 代表后者,则有三种情况:

① 当 $A=B$ 时,他会感到自己受到了公平的待遇,因而心情舒畅,继续努力工作。

② 当 $A<B$ 时,他会感到自己受了不公平的待遇,怨愤不平,影响工作情绪。在这种情况下,他可能采取以下一些措施:通过自我解释(如曲解自己的或别人的收支比率),主观上造成一种公平的假象,自我安慰;选择另一种比较标准(如与另一个职工,或自己历史上的另一个时期比较),使自己主观上获得公平的感觉;采取行动改变别的职工的收支比率,如要求领导把别人的报酬降下来,或增加别人的劳动投入等;采取行动改变自己的收支比率,如要求领导给自己增加报酬或减少劳动投入等;发牢骚、消极怠工、制造矛盾。

"报酬"既包括物质上的金钱和福利等,又包括精神上的被赏识、受人尊敬等。"投入"包括个人的教育程度、所做努力、用于工作的时间、精力和其他无形损耗等。

③当 $A>B$ 时,会产生不公平感,调查表明,不公平感绝大多数是由于比较后感到 $A<B$,即感到自己目前的报酬过低而产生的。但在少数情况下,也会由于 $A>B$,即感到自己目前的报酬过高而产生。这时,往往会产生负疚感,或自己加倍努力工作,或要求降低自己的报酬等。

(3)归因理论研究的主要内容:①行为的归因。指根据人的行为和外部表现,对其心理活动的解释和推论。②心理活动的归因。指研究人们心理活动的产生应归结成什么原因。③对人们未来行为的预测,即根据人们过去的行为表现,预测他们以后在某些情景中会产生怎样的行为。

目前归因理论的研究着重表现在以下两个方面：

一方面是把人的行为归结为外部原因还是内部原因。按照凯里的归因模式，在人的知觉过程中，可以把人的行为归结为内部原因（知觉本人的特点）或外部原因（包括知觉对象的特点，以及知觉者与知觉对象进行交往时所处的情境）。至于到底归结为内部原因或外部原因，要依据以下三个标准来决定，即：一贯性，人们的行为在不同的时间是否前后一贯。普遍性，知觉对象在其他人的身上是否引起相同的反应。差异性，知觉者对其他知觉对象是否以同一方式做出反应。依据以上三个标准做综合考虑，就可决定应归结为内部原因或外部原因。

另一方面是研究人们获得成功或遭到失败的归因倾向。韦纳提出了一种有关成功和失败的归因模式。这种模式是，人们的行为获得成功或遭到失败，主要可归因于以下四个因素：努力、能力、任务难度、机遇。

8.答：美国行为科学家布莱克等人1964年指出，企业中的领导方式，存在着"对人的关心"和"对生产的关心"两种不同的结合。他们提出的管理方格法，横坐标表示领导对生产的关心程度，纵坐标表示领导对人的关心程度。图中共有81个小方格，代表着81种"对生产的关心"和"对人的关心"这两个基本因素以不同的比例相结合的领导方式。

在"9.1"管理方式中，重点放在对工作和作业的要求上，不大注意人的因素，管理人员的权力很大，负责计划、指挥和控制下属的活动，以便实现企业的生产目标。这可以叫做"任务型管理方式"。

在"1.1"管理方式中，对人和对生产两个因素都很少关心，因而必然导致失败。这是很少见的一种极端情况。这可以叫做"贫乏型管理方式"。

在"1.9"管理方式中，强调的是满足人的需要，认为只要职工心情舒畅，生产一定能搞好，而对指挥监督、规章制度等重视不够。这可以叫做"乡村俱乐部型管理方式"。

在"5.5"管理方式中，承认管理人员在计划、指挥和控制上的职责,但它主要是通过引导、鼓励而不是通过命令来实现的。这种管理方式既不过于偏重人的因素,又不过于偏重生产的因素,但缺乏革新精神,职工的创造性得不到充分发挥,在激烈的竞争中难免会失败。这可以叫做"中间型管理方式"。

"9.9"管理方式表明在"对生产的关心"和"对人的关心"这两个因素之间并没有必然的冲突。这种管理方式能使组织的目标和个人的需要最理想、最有效地结合起来。它要求创造出这样一种工作条件,使得职工了解问题,关心工作的成果。这样,当职工了解了组织的目的,并认真关心其成果时,他们就会自我指挥和自我控制,而无需用命令形式对他们进行指挥和控制了。这可以叫做"战斗集体型管理方式"。

这种管理方法可用来培训管理人员。企业的领导者应该客观地分析企业内外的各种情况,努力把自己的领导方式改造成为"9.9"战斗集体型管理方式,以求得最高的效率。

9.答:激励理论是行为科学研究的重点,也是现代企业管理中应用得最广泛、最接近实际和最有发展前景的理论。许多国家的研究机构、知名企业都在探讨新时期管理思想中的激励理论,这些研究具有以下特点。

第一,是研究深度的加重。如美国管理学家对"学习型组织"的设定,强调用共同的价值观和系统的思考法激励职工献身于事业;德国的企业管理者一方面要面对世界市场上的激烈竞争,另一方面又要处理好雇主与雇员之间的"信任协作"关系,重视激励活动在企业管理中的重要作用,在变动的环境中进行管理,谋求企业的存在和发展;英国的管理学者经常讨论的热点问题就是管理人员在英国的社会阶层中的地位,他们较注意的是升迁的可能性、个人成长和发展的机会、工资报酬、安全感和自我尊重感这些方面,与马斯洛的需要层次理论如出一辙。

第二,是研究广度的加大。许多学者不仅从激励理论本身出发去研究管理思想,而且把研究的视角逐步扩大到与激励理论相关的其他方面。如英国的学者不但研究雇佣关系,而且研究所有权、控权以及和企业有关各方的利益;东欧各国在经历了经济转轨初期的阵痛之后,注重激励方面的研究和应用,改革取得了相当大的成绩;俄罗斯重视大规模的企业私有化,正在继续向市场经济的道路上前进。

10.答:行为科学的研究成果对今天的人力资源管理有很大的启发作用。第一,行为科学重视人的因素和挖掘人的潜能以及对人的动机的研究,认为搞好人的管理是搞好管理的核心,从而强调建立以人为中心的管理制度,对搞好企业管理有启发作用。第二,行为科学重视人的需要的研究,并强调把满足职工需要与达成组织目标挂起钩来,从需要研究行为,并把其分为物质需要、精神需要两大类。第三,行为科学总结个体行为一般规律的公式:$B=f(P,E)$,指出人的行为是个体因素与环境相互作用的结果,这为我们分析人的行为提供了一把科学的钥匙。第四,行为科学中的双因素理论把影响人的动机分为激励因素和保健因素,并提出了"内在激励"与"外在激励"的方法,颇有借鉴意义。第五,行为科学重视对非正式团体的研究,主张通过引导,把非正式团体作用结合起来。第六,行为科学中的公平理论揭示了人与人之间存在着社会比较,这对我们每个管理者都有启示,在处理奖酬、分配等问题时应该公平、公正,给人以信赖感,从而调动人的积极性。第七,行为科学重视对群体规范、士气与凝聚力、群体压力与群众行为等社会心理现象的研究,重视信息反馈和意见沟通,这对我们的企业来说是一个长期忽视的环节。第八,行为科学中所讲的布莱克和莫顿两个人的领导风格理论,从关心生产和关心职工两个方面来分析领导行为和风格,从而提出一个领导者既关心生产又关心职工的理论,这对我们搞好现代企业管理有促进作用。第九,行为科学在测量方面的种种方法,关于人员培训以及选拔管理人员的评价等对我们都有重要的参考价值。

第八章　现代管理理论概述

🌸 知识网络

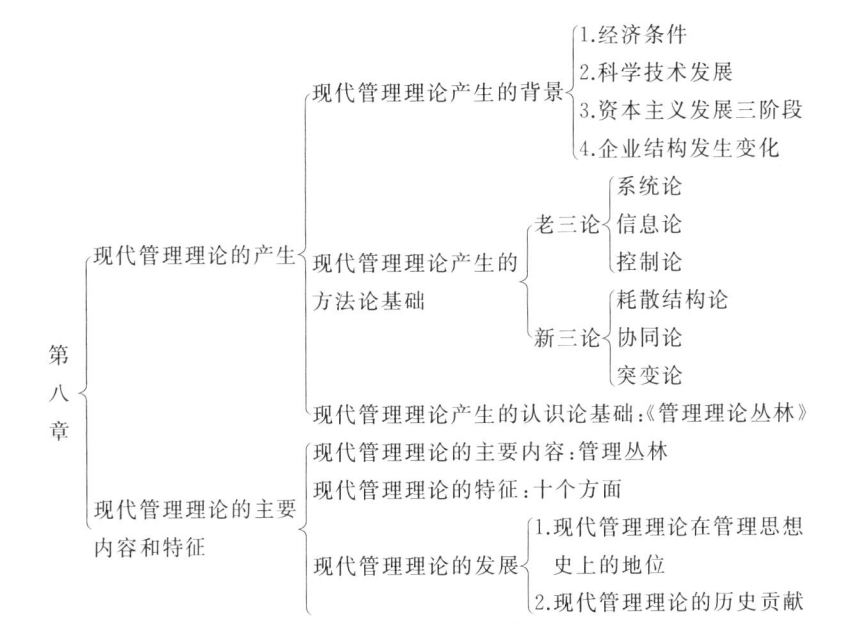

```
           ┌─ 现代管理理论产生的背景 ┬─ 1.经济条件
           │                        ├─ 2.科学技术发展
           │                        ├─ 3.资本主义发展三阶段
           │                        └─ 4.企业结构发生变化
现代管理    │                              ┌─系统论
理论的产生 ─┤                        ┌老三论┤信息论
           │                        │      └控制论
           │  现代管理理论产生的     │      ┌耗散结构论
           └─ 方法论基础           ─┤新三论┤协同论
                                    │      └突变论
第                                  
八         现代管理理论产生的认识论基础:《管理理论丛林》
章         
           ┌─ 现代管理理论的主要内容:管理丛林
现代管理    │  现代管理理论的特征:十个方面
理论的主要 ─┤                        ┌─1.现代管理理论在管理思想
内容和特征  │                        │    史上的地位
           └─ 现代管理理论的发展   ─┤
                                    └─2.现代管理理论的历史贡献
```

📖 学习目的与要求

通过对本章的学习,熟悉现代管理理论产生的历史背景,了解现代管理理论产生的方法论基础,对"老三论"和"新三论"有一个准确的划分。理解现代管理理论产生的认识论基础,识记现代管理理论的主要特征。本章要求考生掌握现代管理理论的发展状况、历史地位以及现代管理理论的历史贡献。

考核重点

1. 管理的广义概念(哈罗德·孔茨)。
2. 系统学派理论关于系统思想的最基本含义。
3. "老三论"和"新三论"的提出。

同步强化训练

一、单项选择题

1. 美国管理学家( )分析了造成各种管理理论和管理学派相互盘根错节这一现象的原因。
   A. 哈罗德·孔茨   B. 大卫·李嘉图
   C. 道格拉斯·麦格雷戈   D. 亚当·斯密

2. 1961年,哈罗德·孔茨把当时西方的管理学派分为( )个学派。
   A. 4   B. 6   C. 8   D. 11

3. 1980年,哈罗德·孔茨又指出西方的管理理论已经发展到( )个学派。
   A. 4   B. 6   C. 8   D. 11

4. 现代管理理论将人看做是( ),认为人是怀着不同需要加入组织的。
   A. 经济人   B. 社会人
   C. 复杂人   D. 自我实现人

5. 一般认为现代管理理论是从第二次世界大战以来直到20世纪( )的整个历史阶段中西方的管理理论。

A.70年代初 B.80年代初
C.80年代末 D.90年代初

6.系统论的创立者是（　　）。
A.LV·贝塔朗菲 B.申农
C.诺伯特·维纳 D.普里戈金

7.系统论的核心思想是系统的（　　）。
A.完整观念　B.相关观念　C.合理观念　D.整体观念

8."管理科学"追求的首先是（　　）。
A.最大限度的满意 B.最大限度的生产率
C.最大限度的合格率 D.最大限度的期望值

二、多项选择题

1.二次世界大战以后，企业结构发生变化，下列变化正确的是（　　）。
A.股份分散化 B.大中小企业协作化
C.国际化进程加快 D.垄断企业规模巨型化
E.垄断企业混合化

2."老三论"是指（　　）。
A.系统论　　B.信息论　　C.协同论
D.突变论　　E.控制论

3."新三论"是指（　　）。
A.系统论 B.耗散结构论
C.协同论 D.突变论
E.控制论

4.孔茨在《管理理论丛林》一文中对管理理论具有复杂性、渗透性、交互性和灵活性进行了分析，他认为造成这一现象的原因是（　　）。
A.语义上的混乱
B.对管理和管理学的定义和所包含的范围没有取得统一的意见
C.把前人对管理经验的概括和总结看成先验而加以抛弃

D.曲解和抛弃前人提出的一些管理原则

E.管理大师缺乏沟通

三、简答题

1.简述现代管理的丛林产生的深层原因。

2.第二次世界大战以后,企业结构发生了哪些变化?

3.简述现代管理理论产生的历史背景。

4.简述现代管理理论的主要特征。

四、论述题

1.论述哈罗德·孔茨的主要管理思想。

2.论述造成各种管理理论和管理学派互相盘根错节这一现象的原因。

3.论述现代管理理论的历史贡献。

参考答案及评析

一、单项选择题

1.A 2.B 3.D 4.C 5.B 6.A 7.D 8.B

二、多项选择题

1.ABCDE 2.ABE 3.BCD 4.ABCDE

三、简答题

1.答:生产力和科学技术的高度发展起着重要的作用,主要是以下几点。(1)生产力导致生产方式变化,促进管理思想的发展;(2)宏观经济的调节作用,推动管理思想的发展;(3)受教育程度的提高深化了对人的认识;(4)日益激烈的市场竞争环境强化了市场观念,导致内外协调的管理思想的产生;(5)自然科学思想对管理科学的渗透,导致了以系统科学为理论基础的管理思想的产生。

2.答:垄断企业规模巨型化;垄断企业混合化;大中小企业协作化;股份分散化;国际化进程加快。

3.答:(1)第二次世界大战后经济的重建;(2)科学技术的迅猛发展;(3)资本主义经济发展的三个阶段;(4)企业结构发生变化。

4.答:(1)强调系统化;(2)重视人的因素;(3)重视"非正式组织"的作用;(4)广泛地运用先进的管理理论和方法,这样有利于管理水平的提高;(5)加强信息工作;(6)把"效率"和"效果"结合起来;(7)重视理论联系实际;(8)强调"预见"能力;(9)强调不断创新;(10)强调权力集中。

四、论述题

1.答:哈罗德·孔茨的代表作有《管理学原理》、《管理理论丛林》、《再论管理理论丛林》、《走向统一的管理学》等。孔茨认为管理是通过别人使事情做成的各项职能。他非常强调管理的概念、理论、原则和方法。孔茨将管理的职能划分为计划、组织、人事、指挥和控制5项。他认为协调的本身不是一种单独的职能,而是有效地应用了这5种职能的结果。

2.答:孔茨在他的《管理理论丛林》一文中分析了造成这一现象的原因,主要有以下五点。

(1)语义上的混乱。在管理学中,存在着严重的语义混乱现象。如"管理"一词,多数人都同意是指通过别人或同别人一道去完成工作。但这里说的"别人"是指正式组织中的人,还是所有群体活动中的人,就有不同的解释了。

(2)对管理和管理学的定义和所包含的范围没有取得统一的意见。这样,就降低了管理理论的科学价值,不能对实际管理人员起指导作用。

(3)把前人对管理经验的概括和总结看成先验而加以抛弃。比如法约尔、厄威克、古利克等人将管理经验加以概括和总结,提出了一些非常重要的分析和见解,却被人认为是先验的假设而加以抛弃,这只会造成管理学理论上的混乱。

(4)曲解和抛弃前人提出的一些管理原则。当代的某些管理学者往往把前人提出的一些管理原则加以曲解,认为只不过是老生常谈而予以抛弃,然后提出一些貌似不同的"新"原则。其实,这些"新原则正是前人早已发现的基本原则,只不过是用不同的话语表述出来而已。

(5)管理大师缺乏沟通。孔茨在1980年发表的《再论管理理论丛林》一文进一步指出,在本世纪早期从事管理理论的研究和著述的,都是有实际管理经验的人员,而从50年代中期以来,从事管理理论研究的主要是高等学府中受过专门训练但缺乏实际管理经验的人。这有点像医学院中教外科学的教授,却从来不曾给病人做过外科手术,于是难免造成混乱,并失去实际管理人员的信任。

3.答:现代管理理论的历史贡献主要体现在以下十个方面。(1)用战略的观点进行管理;(2)用市场的观点进行管理;(3)用变革的观点进行管理;(4)用竞争的观点进行管理;(5)用服务的观点进行管理;(6)用专业化和多样化的观点进行管理;(7)用素质的观点进行管理;(8)用开发的观点进行管理;(9)用经营的观点进行管理;(10)用风险的观点进行管理。

第九章　现代管理理论的主要学派

知识网络

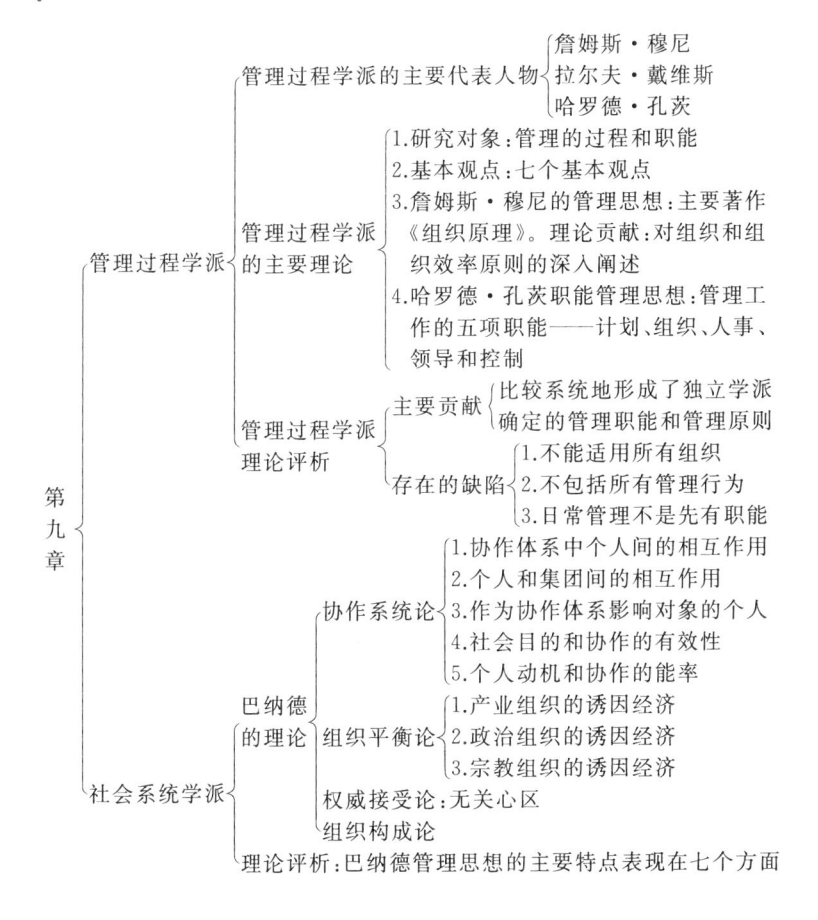

第九章
- 管理过程学派
  - 管理过程学派的主要代表人物
    - 詹姆斯·穆尼
    - 拉尔夫·戴维斯
    - 哈罗德·孔茨
  - 管理过程学派的主要理论
    1. 研究对象：管理的过程和职能
    2. 基本观点：七个基本观点
    3. 詹姆斯·穆尼的管理思想：主要著作《组织原理》。理论贡献：对组织和组织效率原则的深入阐述
    4. 哈罗德·孔茨职能管理思想：管理工作的五项职能——计划、组织、人事、领导和控制
  - 管理过程学派理论评析
    - 主要贡献
      - 比较系统地形成了独立学派
      - 确定的管理职能和管理原则
    - 存在的缺陷
      1. 不能适用所有组织
      2. 不包括所有管理行为
      3. 日常管理不是先有职能
- 社会系统学派
  - 巴纳德的理论
    - 协作系统论
      1. 协作体系中个人间的相互作用
      2. 个人和集团间的相互作用
      3. 作为协作体系影响对象的个人
      4. 社会目的和协作的有效性
      5. 个人动机和协作的能率
    - 组织平衡论
      1. 产业组织的诱因经济
      2. 政治组织的诱因经济
      3. 宗教组织的诱因经济
    - 权威接受论：无关心区
    - 组织构成论
  - 理论评析：巴纳德管理思想的主要特点表现在七个方面

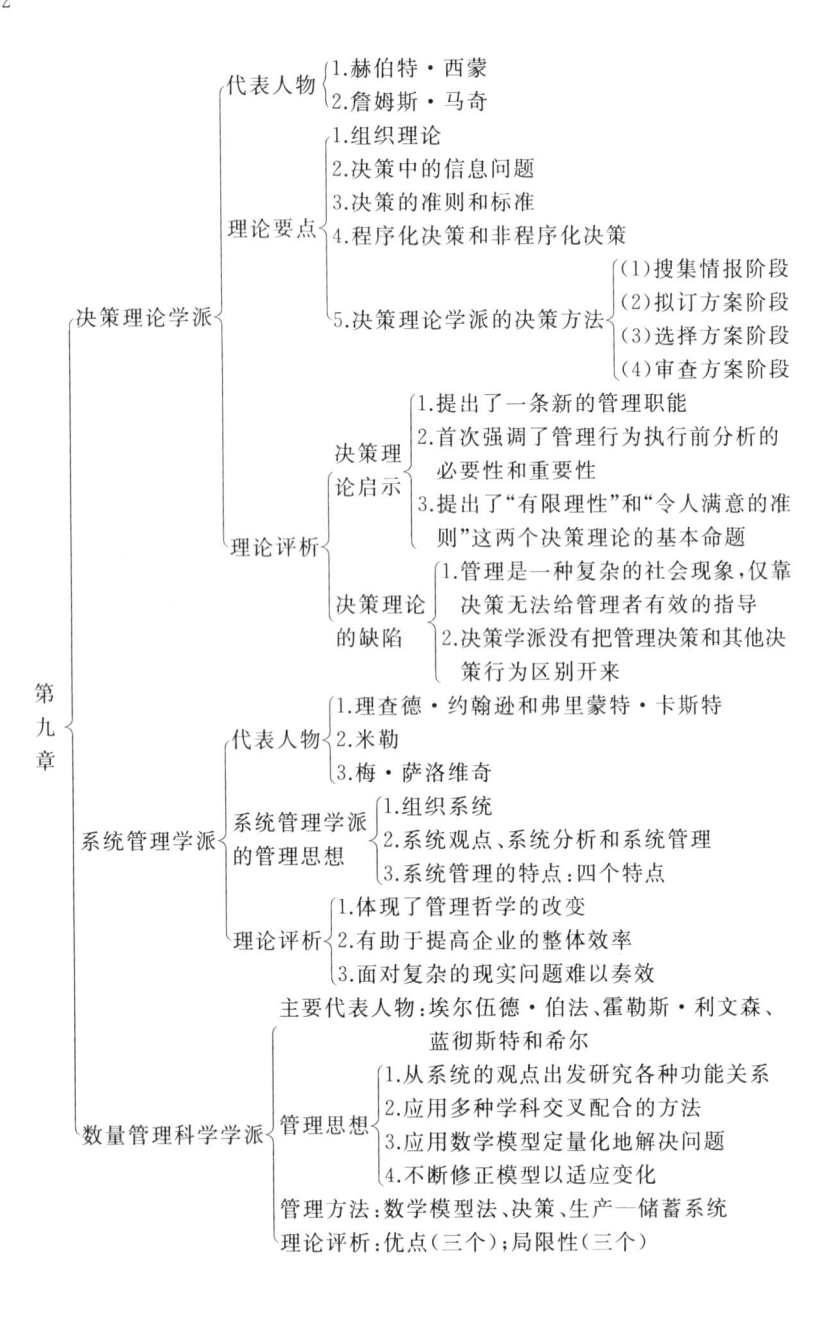

第九章
├─ 决策理论学派
│ ├─ 代表人物
│ │ ├─ 1.赫伯特·西蒙
│ │ └─ 2.詹姆斯·马奇
│ ├─ 理论要点
│ │ ├─ 1.组织理论
│ │ ├─ 2.决策中的信息问题
│ │ ├─ 3.决策的准则和标准
│ │ ├─ 4.程序化决策和非程序化决策
│ │ └─ 5.决策理论学派的决策方法
│ │   ├─ (1)搜集情报阶段
│ │   ├─ (2)拟订方案阶段
│ │   ├─ (3)选择方案阶段
│ │   └─ (4)审查方案阶段
│ └─ 理论评析
│   ├─ 决策理论启示
│   │ ├─ 1.提出了一条新的管理职能
│   │ ├─ 2.首次强调了管理行为执行前分析的必要性和重要性
│   │ └─ 3.提出了"有限理性"和"令人满意的准则"这两个决策理论的基本命题
│   └─ 决策理论的缺陷
│   ├─ 1.管理是一种复杂的社会现象,仅靠决策无法给管理者有效的指导
│   └─ 2.决策学派没有把管理决策和其他决策行为区别开来
├─ 系统管理学派
│ ├─ 代表人物
│ │ ├─ 1.理查德·约翰逊和弗里蒙特·卡斯特
│ │ ├─ 2.米勒
│ │ └─ 3.梅·萨洛维奇
│ ├─ 系统管理学派的管理思想
│ │ ├─ 1.组织系统
│ │ ├─ 2.系统观点、系统分析和系统管理
│ │ └─ 3.系统管理的特点:四个特点
│ └─ 理论评析
│   ├─ 1.体现了管理哲学的改变
│   ├─ 2.有助于提高企业的整体效率
│   └─ 3.面对复杂的现实问题难以奏效
└─ 数量管理科学学派
   ├─ 主要代表人物:埃尔伍德·伯法、霍勒斯·利文森、蓝彻斯特和希尔
   ├─ 管理思想
   │ ├─ 1.从系统的观点出发研究各种功能关系
   │ ├─ 2.应用多种学科交叉配合的方法
   │ ├─ 3.应用数学模型定量化地解决问题
   │ └─ 4.不断修正模型以适应变化
   ├─ 管理方法:数学模型法、决策、生产—储蓄系统
   └─ 理论评析:优点(三个);局限性(三个)

第九章　现代管理理论的主要学派

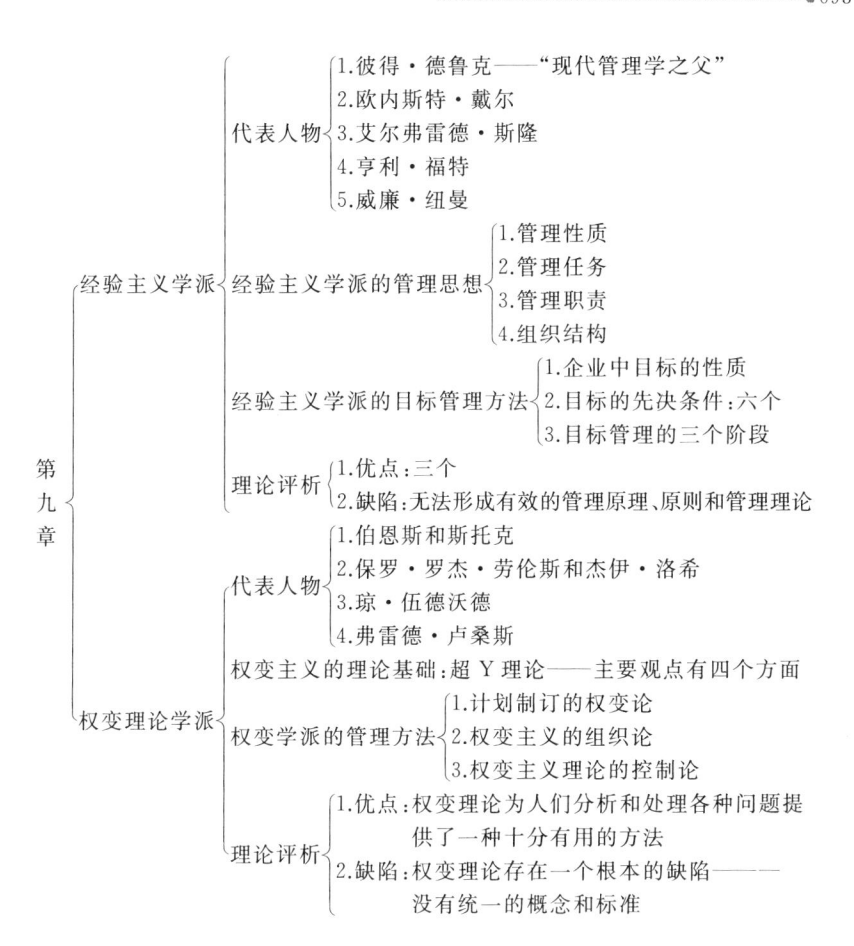

```
          ┌ 经验主义学派 ┬ 代表人物 ┬ 1.彼得·德鲁克——"现代管理学之父"
          │              │          │ 2.欧内斯特·戴尔
          │              │          │ 3.艾尔弗雷德·斯隆
          │              │          │ 4.亨利·福特
          │              │          └ 5.威廉·纽曼
          │              │
          │              ├ 经验主义学派的管理思想 ┬ 1.管理性质
          │              │                        │ 2.管理任务
          │              │                        │ 3.管理职责
          │              │                        └ 4.组织结构
          │              │
          │              ├ 经验主义学派的目标管理方法 ┬ 1.企业中目标的性质
第         │              │                            │ 2.目标的先决条件:六个
九         │              │                            └ 3.目标管理的三个阶段
章         │              │
          │              └ 理论评析 ┬ 1.优点:三个
          │                         └ 2.缺陷:无法形成有效的管理原理、原则和管理理论
          │
          └ 权变理论学派 ┬ 代表人物 ┬ 1.伯恩斯和斯托克
                         │          │ 2.保罗·罗杰·劳伦斯和杰伊·洛希
                         │          │ 3.琼·伍德沃德
                         │          └ 4.弗雷德·卢桑斯
                         │
                         ├ 权变主义的理论基础:超Y理论——主要观点有四个方面
                         │
                         ├ 权变学派的管理方法 ┬ 1.计划制订的权变论
                         │                    │ 2.权变主义的组织论
                         │                    └ 3.权变主义理论的控制论
                         │
                         └ 理论评析 ┬ 1.优点:权变理论为人们分析和处理各种问题提
                                    │        供了一种十分有用的方法
                                    └ 2.缺陷:权变理论存在一个根本的缺陷——
                                             没有统一的概念和标准
```

学习目的与要求

通过对本章的学习,进一步全面了解管理丛林所包含的七个学派。识记现代管理丛林中每个学派的代表人物及其主要的管理思想。了解现代管理理论各个学派的主要理论观点,辩证看待各个理论观点的历史贡献和缺陷,以更准确地把握各种理论。本章理论知识点较多,知识容易混淆。希望考生在备考的过程中,识记重点学派的代表人物及其思想内容。

💡 考核重点

1. 切斯特·巴纳德。
2. 切斯特·巴纳德认为,协作是整个社会得以正常运转的基本而又重要的前提条件。协作组织都是正式组织。
3. 赫伯特·西蒙。
4. 管理决策理论的主要内容。
5. 系统分析。
6. 系统分析的步骤。
7. 系统管理的特点。
8. 数量管理科学学派。
9. 管理科学学派的管理方法。
10. 管理科学学派的特点。
11. 彼得·德鲁克:经验主义学派,"大师中的大师","现代管理学之父"。
12. 经验主义学派的理论内容。
13. 目标管理的基本要点。
14. 卢桑斯:权变学派的主要代表人物。
15. 权变学派理论的主要内容。
16. 经理角色学派代表人物是亨利·明茨伯格。
17. 经理工作的六个特点。
18. 经理所承担的角色。

🕸 同步强化训练

一、单项选择题

1. 管理学者一般认为(　　)是管理过程学派的创始人。
   A. 哈罗德·孔茨　　　　　　B. 切斯特·巴纳德

C.亨利·法约尔　　　　　　D.赫伯特·西蒙
2.(　　)使用社会的、系统的观点来分析管理问题,后人称他为"现代管理理论之父"。
　　A.赫伯特·西蒙　　　　　　B.切斯特·巴纳德
　　C.哈罗德·孔茨　　　　　　D.彼得·德鲁克
3.(　　)用"管理人"来代替最优准则的"理性人"。
　　A.哈罗德·孔茨　　　　　　B.切斯特·巴纳德
　　C.彼得·德鲁克　　　　　　D.赫伯特·西蒙
4.控制论的创始人是(　　)。
　　A.詹姆斯·穆尼　　　　　　B.诺伯特·维纳
　　C.赫伯特·西蒙　　　　　　D.埃尔伍德·伯法
5.决策理论学派认为,管理就是(　　)。
　　A.系统　　　B.经验　　　C.数量分析　　　D.决策
6.西蒙于1945年发表的代表著作是(　　)。
　　A.《管理行为》　　　　　　B.《组织管理》
　　C.《经理工作性质》　　　　D.《追求卓越》
7.系统管理学派的管理思想基础是(　　)。
　　A.管理经验　　　　　　　　B.因地制宜理论
　　C.一般系统理论　　　　　　D.数学模型
8.继古典管理理论学派和行为科学之后影响最大的、历史最悠久的一个学派是(　　)。
　　A.社会系统学派　　　　　　B.决策理论学派
　　C.管理过程学派　　　　　　D.系统管理学派
9.现代管理理论中,社会系统学派的创始人是(　　)。
　　A.哈罗德·拉斯韦尔　　　　B.切斯特·巴纳德
　　C.德洛尔　　　　　　　　　D.林德布洛姆
10.赫伯特·西蒙所代表的现代管理理论学派是(　　)。
　　A.经验主义学派　　　　　　B.社会系统学派
　　C.系统管理学派　　　　　　D.决策理论学派
11.(　　)在分析了美国的许多大小企业后,提出了成功的公司必须遵守的八条原则。
A.切斯特·巴纳德　　　　B.詹姆斯·穆尼
C.托马斯·彼得斯　　　　D.彼得·德鲁克

12.主要著作是《组织管理》,并认为组织是一种"纯属的过程"的过程管理学派代表人物是( )。
A.哈罗德·孔茨　　　　B.詹姆斯·穆尼
C.威廉·纽曼　　　　　D.亚历山大·丘奇

13.托马斯·彼得斯的管理哲学中对人性认识的归纳:人们需要受到一定的( )。
A.控制　　　B.指导　　　C.监督　　　D.管理

14.经理主义学派又称为( )。
A.经理角色学派　　　　B.经验主义学派
C.计算机管理学派　　　D.系统管理学派

15.经理角色学派的主要代表人物是( )。
A.切斯特·巴纳德　　　　B.哈罗德·孔茨
C.彼得·德鲁克　　　　　D.亨利·明茨伯格

16.以下人物中,不属于管理职能学派的是( )。
A.詹姆斯·穆尼　　　　B.威廉·纽曼
C.哈罗德·孔茨　　　　D.弗里蒙特·卡斯特

17.经验主义学派认为,按组织设计所依据的准则来划分,职能制结构和矩阵的组织设计围绕的中心是( )。
A.工作和任务　　　　B.成果
C.关系　　　　　　　D.权力

18.托马斯·彼得斯在分析美国的许多大小企业之后,提出了成功的公司必须遵循的八条原则。下列原则中属于其中八条原则之一的是( )。
A.授权原则　　　　　B.便于领导原则
C.以人促产原则　　　D.统一指挥原则

19.根据权变理论,在领导情境系统中,最重要的是( )。
A.职位权力　　　　　B.任务的结构性

C.领导者与成员的关系　　　D.领导者个性

20.实用系统理论的代表人物是(　　)。
   A.比尔　　　　　　　　　B.梅·萨洛维奇
   C.维纳　　　　　　　　　D.詹姆斯·米勒

21.权变学派的理论基础是所谓的(　　)。
   A.X理论　　　　　　　　B.Y理论
   C.超X理论　　　　　　　D.超Y理论

22.切斯特·巴纳德最有代表性的著作是(　　)。
   A.《组织实践中的业务原则》　B.《经理人员的能力培养》
   C.《经理人员的职能》　　　　D.《伦理和现代组织》

23.最早运用权变思想来研究管理问题的人是(　　)。
   A.汤姆·伯恩斯和斯托克
   B.保罗·劳伦斯和琼·伍德沃德
   C.赫伯特·西蒙和詹姆斯·马奇
   D.哈罗德·孔茨和奥唐奈

24.亨利·明茨伯格的主要代表作,也是经理角色学派最早出版的经典著作是(　　)。
   A.《组织管理》　　　　　　B.《经理人员的职能》
   C.《经理人员的能力培养》　D.《经理工作性质》

25.于1974年,获得美国管理促进协会最高奖——"泰勒金钥匙"奖的是(　　)。
   A.哈罗德·孔茨　　　　　　B.詹姆斯·穆尼
   C.拉夫尔·戴维斯　　　　　D.切斯特·巴纳德

26.切斯特·巴纳德的社会系统论,其核心是(　　)。
   A.组织协调论　　　　　　　B.组织协同论
   C.组织平衡论　　　　　　　D.组织一体论

27.决策理论学派认为(　　)是管理的核心问题。
   A.执行　　　B.决策　　　C.监督　　　D.检查

28.决策理论学派认为,在决策准则上,应该用(　　)代替最优化准则。

A.合理性准则 B.规律化准则
C.合法性准则 D.满意性准则

29."管理就是决策"命题的提出者是( )。
A.切斯特·巴纳德 B.赫伯特·西蒙
C.詹姆斯·米勒 D.弗雷德里克·泰勒

30.数量管理科学学派又称为( )。
A.管理科学学派 B.经验主义学派
C.系统管理学派 D.决策理论学派

31.管理科学学派的管理方法主要有数学模型法、决策和( )。
A.统计法 B.会计法
C.生产—储蓄系统 D.数学定量法

32.被尊为"现代管理学之父"的人是( )。
A.威廉·纽曼 B.亨利·福特
C.彼得·德鲁克 D.艾尔弗雷德·斯隆

33.下列作品中,由弗雷德·卢桑斯所著的是( )。
A.《革新的管理》
B.《组织与环境》
C.《理论与实践》
D.《权变管理理论:走出丛林的道路》

34.根据权变主义理论的控制论中的大量研究经验证明,领导者与成员关系的权数为( )。
A.4 B.5 C.6 D.7

35.根据权变主义理论的控制论中的大量研究经验证明,任务结构的权数为( )。
A.1 B.2 C.3 D.4

36.根据权变主义理论的控制论中的大量研究经验证明,职位权力的权数为( )。
A.1 B.5 C.4 D.3

二、多项选择题

1. 切斯特·巴纳德认为作为正式组织协作系统应包括的要素有（　　）。
   A. 相同的目标　　　B. 协作的意愿　　　C. 严格的分工
   D. 正规的决策　　　E. 信息的沟通

2. 下列关于系统管理学派的管理思想的表述正确的有（　　）。
   A. 从系统观点出发，认为工商企业是一个由相互联系而相互合作的系统所组成
   B. 认为工商企业与周围环境存在动态的相互作用
   C. 工商企业具有内外信息反馈网络
   D. 以定量分析为主要研究方法
   E. 该学派盛行于20世纪70年代

3. 决策理论学派认为解决问题的步骤是（　　）。
   A. 问题是什么　　　B. 备选方案是什么
   C. 参与人员选择　　　D. 哪一个备选方案最佳
   E. 效果反馈

4. 下列关于数量管理科学学派的特点表述错误的是（　　）。
   A. 从系统出发研究各种功能关系
   B. 应用多种学科交叉结合的方法
   C. 模型化和定量化来解决问题
   D. 以复杂人为人性假设
   E. 主张因时因地进行管理

5. 下列关于托马斯·彼得斯的表述正确的有（　　）。
   A. 他是美国最负有盛名的管理学大师
   B. 与他人合著《追求卓越》和《志在成功》
   C. 提出管理的八条原则
   D. 用心理学的研究成果以寻求调动人的最大潜力
   E. 他本人拥有坚实的学术背景

6. 系统管理的特点是（　　）。

A.以目标为中心　　　B.以任务为中心
C.以责任为中心　　　D.以人为中心
E.以整个系统为中心

7.经理的信息方面的角色包括(　　)。
　A.联络者　　　　　B.信息接受者　　　C.信息传递者
　D.发言人　　　　　E.谈判者

8.管理过程学派的主要代表人物是(　　)。
　A.詹姆斯·穆尼　　B.拉尔夫·戴维斯
　C.哈罗德·孔茨　　D.切斯特·巴纳德
　E.贝尔

9.管理过程学派的研究对象是(　　)。
　A.管理的过程　　　B.管理的职能　　　C.管理的艺术
　D.管理的方法　　　E.管理的手段

10.詹姆斯·穆尼把职能分成三种,分别是(　　)。
　A.执行职能　　　　B.决定职能　　　　C.应用职能
　D.解释职能　　　　E.限定职能

11.根据哈罗德·孔茨职能管理思想的理解,他把管理工作分为
　(　　)职能。
　A.计划　　B.组织　　C.人事　　D.领导　　E.控制

12.根据职能管理思想,对职工进行选拔的方法有(　　)。
　A.智能测验　　　　B.熟练和适应性测验
　C.职业测验　　　　D.性格测验
　E.岗位熟悉度测验

13.根据职能管理思想,控制的基本过程包括(　　)三个步骤。
　A.制订标准　　　　B.审核标准　　　　C.衡量绩效
　D.纠正偏差　　　　E.分析原因

14.特殊诱因包括(　　)。
　A.物质诱因　　　　B.个人的非物质机会
　C.良好的物质条件　D.理想方面的恩惠
　E.崇高的社会地位

15.切斯特·巴纳德的理论主要包括（　　）。
　　A.协作系统论　　　　B.组织平衡论
　　C.权威接受论　　　　D.组织构成论
　　E.控制论
16.赫伯特·西蒙将决策过程分为四个主要阶段，它们是（　　）。
　　A.搜集情报阶段　　　B.甄别情报阶段
　　C.拟订方案阶段　　　D.选择方案阶段
　　E.审查方案阶段
17.系统管理学派的代表人物有（　　）。
　　A.理查德·约翰逊　　　　B.弗里蒙特·卡斯特
　　C.詹姆斯·格黑尔·米勒　　D.梅·萨洛维奇
　　E.霍勒斯·利文森
18.决策问题，依据所面对问题的性质与可供选择方案的情报量来划分，可分为（　　）。
　　A.确定性决策　　　　B.冒险性决策
　　C.不确定性决策　　　D.相互冲突的决策
　　E.理性决策
19.权变模型的重要变量之一是领导情境。它包括的三个指标是（　　）。
　　A.领导者与成员的关系　　B.任务的结构性
　　C.领导与领导的关系　　　D.职位权力
　　E.任务的难易程度

三、简答题

1.孔茨是如何定义管理的？
2.简述数量管理科学学派的管理思想。
3.经理角色学派管理思想中对经理基本目标的规定有哪些？
4.简述系统管理的含义与方法。

5.简述社会系统学派的理论特点。

6.简述决策理论学派主要的管理思想。

7.简述管理过程学派的主要贡献。

8.根据巴纳德的观点,要使权威对一个人发生作用,必须具备的条件是什么?

9.简述决策理论的缺陷。

10.简述系统管理的特点。

11.简述目标管理中目标的先决条件。

四、论述题

1.论述现代管理理论的主要内容。

2.论述权变理论学派的管理思想。

3.论述经验主义学派的基本管理思想。

4.论述巴纳德管理思想的主要特点。

5.管理科学学派理论评析。

6.论述《超 Y 理论》的主要观点。

参考答案及评析

一、单项选择题

1.C 2.B 3.D 4.B 5.D 6.A 7.C 8.C 9.B 10.D 11.C
12.B 13.A 14.B 15.C 16.D 17.A 18.C 19.C 20.D 21.D
22.C 23.A 24.D 25.A 26.C 27.B 28.D 29.B 30.A 31.C
32.C 33.D 34.A 35.B 36.A

二、多项选择题

1.ABE 2.ABC 3.ABD 4.DE 5.ABCD 6.ACDE 7.BCD
8.ABC 9.AB 10.BCD 11.ABCDE 12.ABCD 13.ACD 14.ABCD
15.ABCD 16.ACDE 17.ABCD 18.ABCD 19.ABD

三、简答题

1.答:孔茨的职能管理思想认为管理是通过别人使事情做成的各项职能。强调管理的概念、理论、原则和方法,认为管理工作是一种艺术,其基本原理和方法可以应用于任何一种现实情况。管理的各项职能,应划分为计划(是五种管理职能中最基本的,其他四种管理职能都必须反映计划职能的要求)、组织、人事、指挥和控制五项。

2.答:(1)从系统观点出发研究各种功能关系;(2)应用多种学科交叉配合的方法;(3)应用模型化和定量化来解决问题;(4)随着情况变化而修改模型,求出新的最优解,通过模型来解决问题,通常对问题有着较为深入的了解。

3.答:经理的六项基本目标。①主要的目标是保证组织实现其基本目标;②必须设计和维持他的自治业务的稳定性;③必须负责组织的战略决策系统,并使组织以一种可控制的方式适应于变动的环境;④必须保证组织为那些对组织有影响的人服务;⑤必须在组织同环境之间建立起关键信息联系;⑥负责他所在组织的等级制度运行。

4.答:把组织单位作为系统来安排经营时,就叫系统管理。其特点是:以目标为中心;以整个系统为中心;以责任为中心;以人为中心。系统管理学派的管理方法采用模型分析方法。

5.答:社会系统学派的理论特点主要体现在以下几个方面。

(1)管理人员的职能以及应当如何行使这些职能,是由组织的本质、特性和过程决定的。

(2)对组织的本质(组织中人的行为)进行了描述性的分析。

(3)将决策作为主要研究对象,着重研究组织决策过程。

6.答:决策理论学派主要的管理思想可以从以下几方面进行描述。

(1)关于组织的理论;

(2)关于决策过程中的信息问题;

(3)关于决策的准则和标准;

(4)关于程序化决策和非程序化决策;

(5)决策理论学派的决策方法。

7.答:管理过程学派的主要贡献主要有两方面。第一,比较系统地形成了独立学派。相对于其他学派而言,管理过程学派是最为系统的学派。他们首先从确定管理人员的管理职能入手,并将此作为他们理论的核心结构。第二,确定的管理职能和管理原则。管理过程学派确定的管理职能和管理原则,为训练管理人员提供了基础。把管理的任务和非管理的任务加以明显的区分,能使经理集中于经理人员的基本工作上。

8.答:第一,作为下级的个人能够理解上级所传达的指令。第二,下级认为指令与能提供的诱因组织目标相一致。第三,指令能够同满意下级的个人利益相结合。第四,下级在其精神上和身体上能够执行或遵守这一命令。

9.答:尽管决策理论提出了很多其他理论所不具备的优点,但仍然有以下缺点。

(1)管理是一种复杂的社会现象,仅靠决策也无法给管理者有效的指导,实用性不大。

(2)决策并非只存在于管理行为中,人们的日常活动中也普遍存在决策,但这些行为都不是管理行为。决策学派没有把管理决策和人们的其他行为区别开来,其根本原因是没有认识到管理的本质。

10.答:系统管理的主要特点有四个方面。第一,以目标为中心,始终强调系统的客观成就和客观效果;第二,以整个系统为中心,强调整个系统的最优化而不是子系统的最优化;第三,以责任为中心,分配给每个管理人员一定的任务,而且要能衡量其投入和产出;第四,以人为中心,每个员工都被安排做具有挑战性的工作,并根据其业绩支付报酬。同时,在系统管理中,有四个紧密联系的阶段:创建系统的决策、系统的设计、系统的运转和控制以及系统运转结果的检查和评价。

11.答:目标管理的先决条件有如下几项。第一,高层管理人员的参加;第二,下级人员必须积极参加目标的制订和实现;第三,有充分的情报资料;第四,对实现目标手段有控制权;第五,对由于实行目标管理而带来的风险予以刺激;第六,对员工要有信心。

四、论述题

1.答:(1)管理过程学派的创始人是亨利·法约尔。该学派的主要特点是把管理学说与管理人员的职能联系起来。他们认为,无论是什么性质的组织,管理人员的职能是共同的。

(2)经验学派的主要代表人物是德鲁克和戴尔。该学派主张通过分析经验(即指案例)来研究管理学问题。通过分析、比较、研究各种各样的成功的和失败的管理经验,就可以抽象出某些一般性的管理结论或管理原理,有助于学生或从事实际工作的管理人员来学习和理解管理学理论,使他们更有效地从事管理工作。

(3)系统管理学派的主要代表人物是卡斯特和罗森茨韦克。系统管理学派认为,组织是由一个相互联系的若干要素组成,为环境所影响并反过来影响环境的开放的社会技术系统。它是由目标和价值、结构、技术、社会心理、管理五个分系统组成,必须以整个组织系统为研究管理的出发点,综合运用各个学派的知识,研究一切主要的分系统及其相互关系。

(4)决策理论学派的主要代表人物是赫伯特·西蒙。决策理论学派认为,管理就是决策。管理活动的全部过程都是决策的过程,管理是以决策为特征的;决策是管理人员的主要任务,管理人员应该集中研究决策问题。西蒙将决策分为程序性决策和非程序性决策,他的研究重点放在非程序性决策方面,提倡用电子计算机模拟人类思考和解决决策问题。

(5)管理科学学派:管理科学学派主张运用数学符号和公式进行计划决策和解决管理中的问题,求出最佳方案,实现企业目标;经营管理是管理科学在管理中的应用;信息情报系统就是由计算机控制的向管理者提供信息情报的系统。

(6)权变理论学派:该学派认为,由于组织内部各个部分之间的相互作用和外界环境的影响,组织的管理并没有绝对正确的方法,也不存在普遍适用的理论,任何理论和方法都不见得绝对有效,也不见得绝对无效,采用哪种理论和方法,要视组织的实际情况和所处的环境而定。

2.答:(1)权变理论学派的核心思想。权变理论学派的核心是在现实中不存在一成不变、普遍适用的理想化的管理理论和方法,管理应随机应变,即采用什么样的管理理论、方法及技术应取决于组织的环境。权变理论认为,组织和组织成员的行为是复杂的,加上环境的复杂性和不断变化,使得普遍适用的有效管理方法实质上是不可能存在的。因此,应该根据具体情况来选用合适的管理方法。这就需要进行大量的调查研究,将组织的情况进行分类,建立不同的模式,根据不同的模式选用适宜的管理方式。

(2)权变理论学派的理论基础。权变理论是以超 Y 理论为理论基础的。权变理论学派认为并不是在所有的情况下 Y 理论都比 X 理论效率高,管理思想和管理方式应该依据成员的素质、工作的特点和环境情况而定,不能一概而论。

超 Y 理论的主要内容包括:人们是怀着许多不同的需要加入工作组织的,而且人们有不同的需要类型;不同的人对管理方式的要求也是不同的;组织的目标、工作的性质、职工的素质等对组织机构和管理方式有很大的影响;当一个目标达到以后,可以继续激起职工的成就感,使之为达到新的、更高的目标而努力。

(3)权变关系。权变学派在企业结构方面的共同点,是把企业看成一个受外界环境影响而又对外界环境施加影响的开放系统。

(4)影响权变关系的因素主要有:组织的规模;相互联系和影响的程度;组织成员的个性;目标一致性;决策层次的高低;组织目标的实现程度。

(5)权变理论学派的管理方法。计划制订的权变论:权变理论学派认为,计划就是为了实现企业所确定的目标而制订出所要做的事情的纲要,以及如何做,包括确定企业总任务,确定产生主要成果的领域,规定具体的目标,以及制订目标所需要的政策、方案和程序。在制订计划以前,要对环境中的机会、组织的能力与资源、经营管理上的兴趣和愿望、对社会的责任四个方面的因素及其相互关系进行分析。权变学派认为,要根据不同的情况,分别制订"有目标的计划"和"指导性的计划"。

权变理论的组织论:权变理论学派在组织结构方面的共同点是,把企业看成是一个开放性的系统,是一个受外界环境影响而又对外界环境施加影响的系统。

3.答:经验主义学派的基本管理思想是有关企业管理的理论应该从企业管理的实际出发。特别是以大企业管理经验为主要研究对象,加以理论化和概括化,然后传授给管理人员或向经理提出实际的建议,也就是说,他们认为管理学就是研究管理的经验。通过研究管理中的成功和失败,就能理解管理中存在的问题,就自然地学会进行有效的管理。尽管经验主义学派是一个庞杂的学派,但他们都把实践放在第一位,以适用为主要目的。对实践经验高度总结是经验主义学派的主要特点。

(1)管理的性质。经验主义学派给出的管理定义是:管理是努力把一个人群或团体朝着某个共同目标引导、领导和控制。经验主义学派认为管理是研究对人进行管理的技能和知识传授的一个独立领域。

(2)管理的任务。经验主义学派认为管理的任务主要有三项:获得经济成果;使企业具有生产性,并使工作人员有成就感;妥善处理企业对社会的影响和承担企业对社会的责任的问题。

(3)管理的职责。作为企业的主要领导的经理,有两项职责是别人不能替代的:造成一个"生产的统一体",有效调动企业各种资源,尤其是人力资源作用的发挥;经理做出每一项决策或采取某一行动时,一定要把眼前利益与长远利益协调起来。

任何管理者共同的管理职责是:①树立目标并确定达到目标的手段,并使所有有关人员都了解组织目标及其实现手段;②为实现目标进行组织工作;③建立适宜的奖酬制度,使之起到鼓励职工的作用;④加强组织内信息沟通和联系;⑤分析工作成果,并确定考核和评价工作的标准;⑥为职工创造成长和发展的机会。

(4)组织结构。经验主义学派对建立合理组织结构问题普遍重视。如德鲁克认为,当今世界上管理组织的新模式可以概括为以下五种:集权的职能性结构;分权的联邦式结构,称为"事业部制";规划——目标结构,即矩阵结构;模拟性分权管理结构;系统结构。在上述这几种组织结构中,德鲁克认为,并不能决定哪一种组织结构最佳,应根据各企业的生产性质、特殊条件和管理人员的特点来确定自己的组织结构,不能照搬别人的模式。

经验主义学派认为组织结构设计的规范是:明确性,经济性,远景方向,理解本身的任务和其目的、决策,稳定性和适应性,永存性和自我更新。

(5)提出了目标管理的思想。德鲁克最早提出了"目标管理"的思路,经后人的补充和发展形成了至今仍被管理界所重视和使用的目标管理模式。德鲁克指出:所谓"目标管理",就是一个组织中的上级和下级管理人员共同制订一个目标。该目标应同每个人的工作成果相联系,通过确立目标,规定他的主要职责范围,并用这些目标作为经营一个单位和评价每一成员贡献的标准。目标管理是使管理人员和广大职工在工作中实行自我控制并达到工作目的的一种管理技能和管理制度。德鲁克目标管理思想的主要内容有三个:明确目标的性质;指出了目标管理成功的先决条件;划分了目标管理的三个阶段。德鲁克认为,实施目标——管理的整个过程是由三个阶段组成的:第一阶段是确定目标阶段;第二阶段是目标管理的具体实施阶段;第三阶段是检查和评价工作绩效阶段。

4.答:巴纳德管理思想的主要特点有如下七点。

(1)巴纳德最早把系统论和社会学知识用于管理领域,创立了社会系统学派。

(2)关于经理的职能阐述,他与前人不同。前人多采用静态的、叙述的方式来说明,而他采用分析性的和动态的方式加以说明。

(3)他首先对"沟通"、"动机"、"决策"、"目标"和"组织关系"等问题进行了开创性的专题研究。

（4）巴纳德将法约尔等人的研究向前推进了一大步。

（5）巴纳德的"权威接受论"对权威提出了全新的看法，对后人很有启发。

（6）巴纳德应用社会心理学的分析方法，把人性的理论作为其管理理论的出发点。

（7）应用系统分析的方法，巴纳德把企业组织作为一个由相互联系的各个部分构成的整体，并把企业组织这一整体置于同社会这一个更大的整体的相互联系之中。总之，巴纳德在组织管理理论方面的开创性研究，奠定了现代组织理论的基础。

5.答：管理科学学派把现代科学方法运用到管理领域中，为现代管理决策提供了科学方法。它使管理理论研究在从定性到定量的科学轨道上前进了一大步，同时，它的应用对企业管理水平和效率的提高也起到了很大的作用。另外，管理科学学派重视不同学科的交融与渗透，这种不同领域的专家相互合作的方式有助于优势互补，开拓思路，形成更全面、更合理的决策。

管理科学学派的优点：第一，使复杂的、大型的问题有可能分解为较小的部分，更便于诊断和处理。第二，制作与分析模式必须重视细节并遵循逻辑程序，这样就把决策置于系统研究的基础上，增进了决策的科学性。第三，有助于管理人员估计不同的可能选择。如果明确各种方案包含的风险与机会，便有可能做出正确的选择。

科学管理学派的局限性：第一，把管理中与决策有关的各种复杂因素全部数量化，完全采用管理科学的定量方法来解决复杂环境下的组织问题，是不现实的。第二，过分依赖于物质工具，而忽视管理中人的决定性作用。第三，管理问题的研究与实践，不可能也不应该完全只依靠定量的分析，而忽视定性的分析。因此，管理科学不可能是万能的，要求管理人员尽量尽快地掌握各种管理理论和管理方法，不拘泥于某一个学派，使各种管理技术和管理方法相结合，以便发挥更大的作用。

6.答:《超 Y 理论》的主要观点有以下四个方面。

(1)人们是怀抱着各种不同愿望以及需求而加入各种组织,我们可以将这些愿望以及需求加以分类。有些人愿意在规章制度较清楚严明、较正规化的组织中工作,但不愿意参与决策或是分担责任,参与感较低;有些人却愿意拥有更多的自主权,有发挥个人能力与想法的机会。

(2)不同的人,对于管理方式的要求是不相同的。有些人较喜欢 X 理论,有些人较喜欢 Y 理论。

(3)组织的目标、工作的性质、员工的素质对于组织结构与管理方式有很大的影响,凡是组织结构和管理层次的划分、员工的培训和工作的分配、工作报酬和控制程度等适合于工作性质与员工素质的企业,效率就会高;反之,则会低。

(4)当一个目标达到以后,可以激起员工的胜任感和满足感,使之为了达到新的更高的目标而努力。

第十章　当代西方管理思想

知识网络

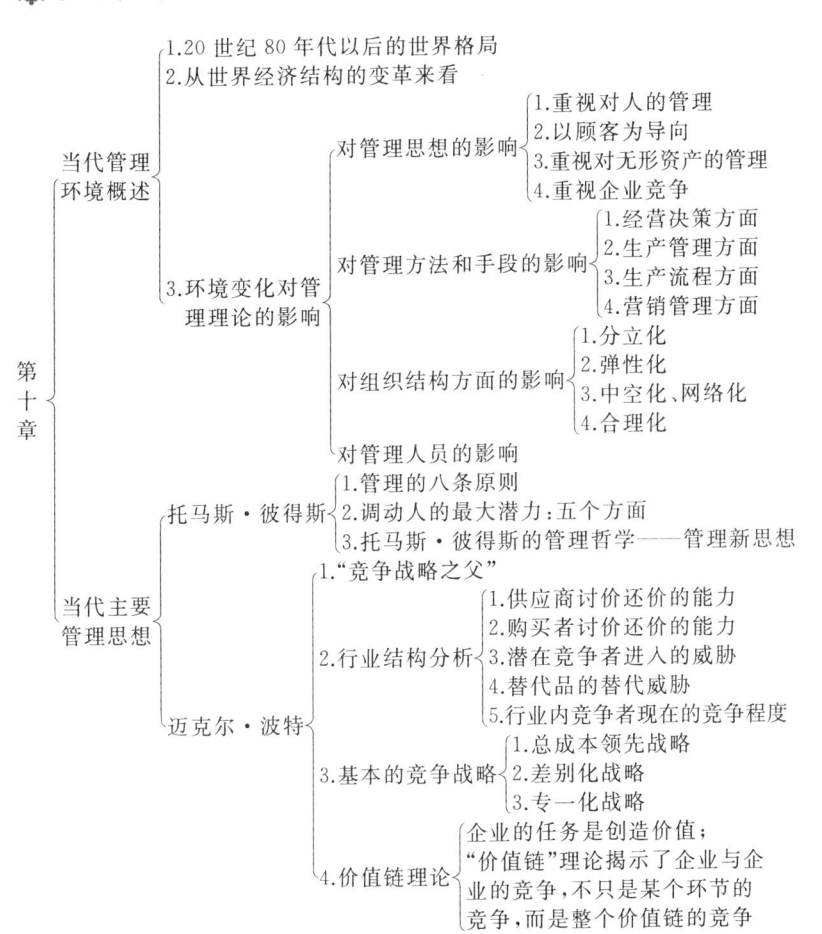

- 第十章
  - 当代管理环境概述
    - 1.20世纪80年代以后的世界格局
    - 2.从世界经济结构的变革来看
    - 3.环境变化对管理理论的影响
      - 对管理思想的影响
        - 1.重视对人的管理
        - 2.以顾客为导向
        - 3.重视对无形资产的管理
        - 4.重视企业竞争
      - 对管理方法和手段的影响
        - 1.经营决策方面
        - 2.生产管理方面
        - 3.生产流程方面
        - 4.营销管理方面
      - 对组织结构方面的影响
        - 1.分立化
        - 2.弹性化
        - 3.中空化、网络化
        - 4.合理化
      - 对管理人员的影响
  - 当代主要管理思想
    - 托马斯·彼得斯
      - 1.管理的八条原则
      - 2.调动人的最大潜力：五个方面
      - 3.托马斯·彼得斯的管理哲学——管理新思想
    - 迈克尔·波特
      - 1."竞争战略之父"
      - 2.行业结构分析
        - 1.供应商讨价还价的能力
        - 2.购买者讨价还价的能力
        - 3.潜在竞争者进入的威胁
        - 4.替代品的替代威胁
        - 5.行业内竞争者现在的竞争程度
      - 3.基本的竞争战略
        - 1.总成本领先战略
        - 2.差别化战略
        - 3.专一化战略
      - 4.价值链理论
        - 企业的任务是创造价值；"价值链"理论揭示了企业与企业的竞争，不只是某个环节的竞争，而是整个价值链的竞争

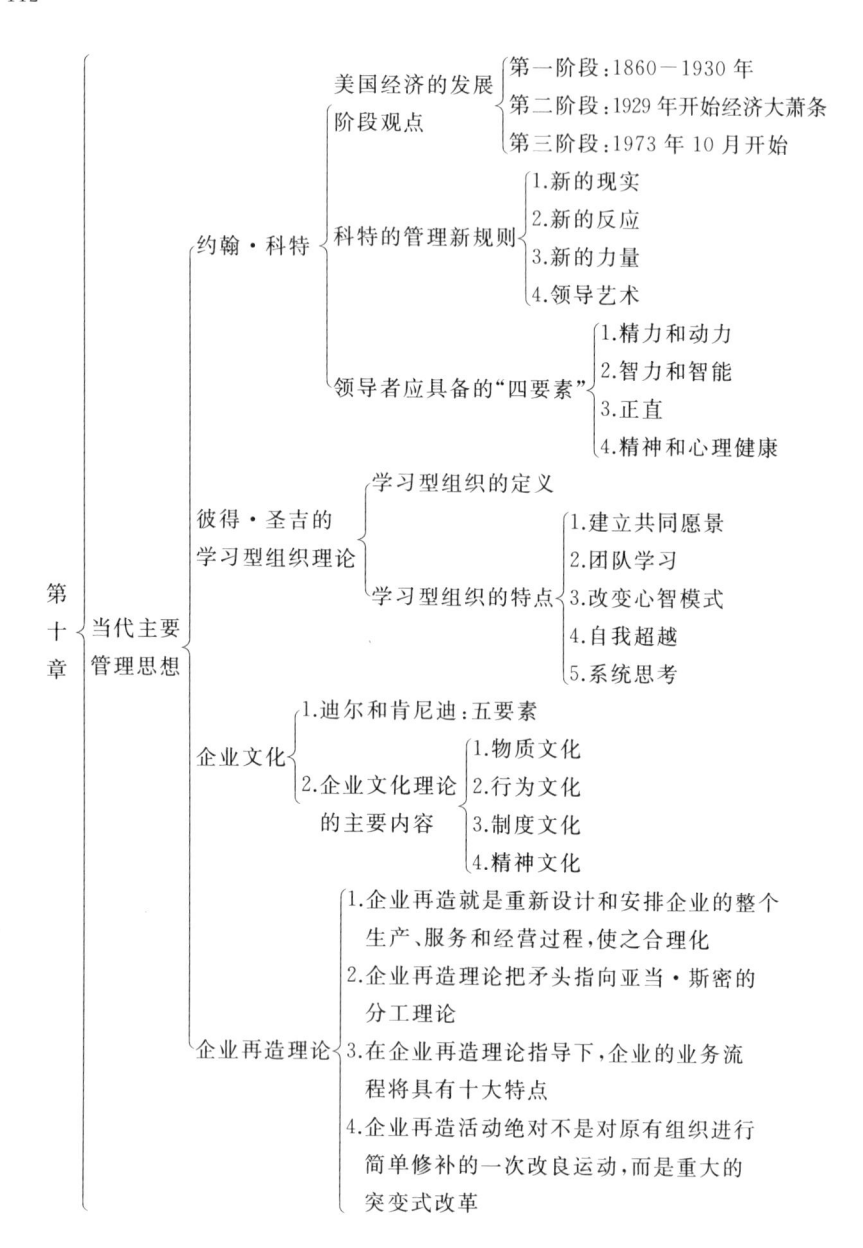

第十章 当代主要管理思想

约翰·科特

- 美国经济的发展阶段观点
  - 第一阶段：1860－1930年
  - 第二阶段：1929年开始经济大萧条
  - 第三阶段：1973年10月开始
- 科特的管理新规则
  1. 新的现实
  2. 新的反应
  3. 新的力量
  4. 领导艺术
- 领导者应具备的"四要素"
  1. 精力和动力
  2. 智力和智能
  3. 正直
  4. 精神和心理健康

彼得·圣吉的学习型组织理论

- 学习型组织的定义
- 学习型组织的特点
  1. 建立共同愿景
  2. 团队学习
  3. 改变心智模式
  4. 自我超越
  5. 系统思考

企业文化

1. 迪尔和肯尼迪：五要素
2. 企业文化理论的主要内容
   1. 物质文化
   2. 行为文化
   3. 制度文化
   4. 精神文化

企业再造理论

1. 企业再造就是重新设计和安排企业的整个生产、服务和经营过程，使之合理化
2. 企业再造理论把矛头指向亚当·斯密的分工理论
3. 在企业再造理论指导下，企业的业务流程将具有十大特点
4. 企业再造活动绝对不是对原有组织进行简单修补的一次改良运动，而是重大的突变式改革

第十章 当代西方管理思想

📖 学习目的与要求

通过对本章的学习,了解当代管理思想所处的管理环境以及管理环境的变化对管理理论在不同方面所产生的影响。掌握托马斯·彼得斯的管理思想,尤其是他关于管理的八条原则;迈克尔·波特关于竞争战略的理论阐释以及运用"价值链"理论分析现实问题;约翰·科特的管理新规则;彼得·圣吉的学习型组织理论。准确理解企业文化的含义以及其主要内容,理解企业再造理论对在信息技术革命背景下,企业克服来自全球市场严峻挑战的现实意义。本章中的新观点务必引起考生的注意。

✳ 考核重点

1. 托马斯·彼得斯的著作及其主要思想。
2. 迈克尔·波特的著作及其主要思想。
3. 约翰·科特的著作及其主要思想。
4. 彼得·圣吉及其学习型组织理论。
5. 威廉·大内提出了举世瞩目的"Z 理论"。
6. 迪尔和肯尼迪指出企业文化构成的五要素。
7. 迈克尔·哈默与詹姆斯·钱皮提出企业再造理论。
8. PDCA。
9. 六西格玛(6σ)管理法。
10. 企业实施六西格玛(6σ)管理的具体步骤。

✳ 同步强化训练

一、单项选择题

1. 以下战略中,不属于迈克尔·波特所提出的三种基本竞争战

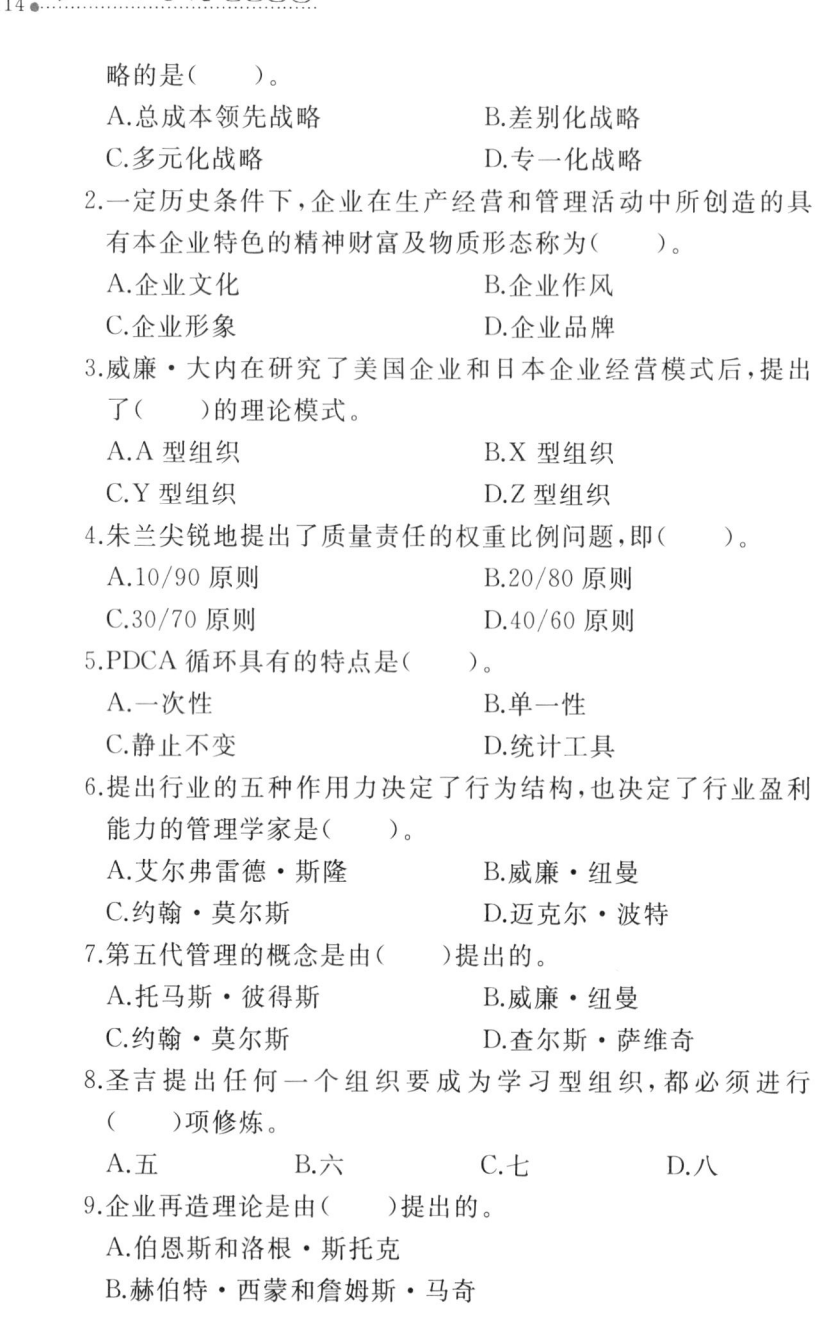

略的是( )。
A.总成本领先战略 B.差别化战略
C.多元化战略 D.专一化战略

2.一定历史条件下,企业在生产经营和管理活动中所创造的具有本企业特色的精神财富及物质形态称为( )。
A.企业文化 B.企业作风
C.企业形象 D.企业品牌

3.威廉·大内在研究了美国企业和日本企业经营模式后,提出了( )的理论模式。
A.A 型组织 B.X 型组织
C.Y 型组织 D.Z 型组织

4.朱兰尖锐地提出了质量责任的权重比例问题,即( )。
A.10/90 原则 B.20/80 原则
C.30/70 原则 D.40/60 原则

5.PDCA 循环具有的特点是( )。
A.一次性 B.单一性
C.静止不变 D.统计工具

6.提出行业的五种作用力决定了行为结构,也决定了行业盈利能力的管理学家是( )。
A.艾尔弗雷德·斯隆 B.威廉·纽曼
C.约翰·莫尔斯 D.迈克尔·波特

7.第五代管理的概念是由( )提出的。
A.托马斯·彼得斯 B.威廉·纽曼
C.约翰·莫尔斯 D.查尔斯·萨维奇

8.圣吉提出任何一个组织要成为学习型组织,都必须进行( )项修炼。
A.五 B.六 C.七 D.八

9.企业再造理论是由( )提出的。
A.伯恩斯和洛根·斯托克
B.赫伯特·西蒙和詹姆斯·马奇

C.迈克·哈默和詹姆斯·钱皮

D.哈罗德·孔茨和西里尔·奥唐奈

10.知识管理对象具有（　　）化的特点。

　　A.有形　　　　B.无形　　　　C.具体　　　　D.抽象

11.企业文化由三个不同的部分组成，它们是：企业精神、企业作风和（　　）。

　　A.企业形象　　　　　　　　B.企业制度

　　C.企业品牌　　　　　　　　D.企业产品

12.五项修炼的核心是（　　）。

　　A.自我超越　　　　　　　　B.系统思考

　　C.共同愿景　　　　　　　　D.团队学习

13.最早实施6σ管理的公司是（　　）。

　　A.通用电气　　　　　　　　B.IBM

　　C.DELL　　　　　　　　　　D.摩托罗拉

14.托马斯·彼得斯的管理哲学中对人性认识的归纳：人们需要受到一定的（　　）。

　　A.控制　　　　B.指导　　　　C.监督　　　　D.管理

15.下列选项中，不属于6σ主题的是（　　）。

　　A.真正关注顾客　　　　　　B.直觉管理

　　C.预防性管理　　　　　　　D.无边界合作

16.（　　）是当今全球第一战略权威，是商业管理界公认的"竞争战略之父"。

　　A.托马斯·彼得斯　　　　　B.迈克尔·波特

　　C.约翰·科特　　　　　　　D.彼得·圣吉

17.约翰·科特是举世闻名的领导力专家，他的核心思想是领导与（　　）。

　　A.智慧　　　　B.改革　　　　C.变革　　　　D.执行

二、多项选择题

1.20世纪80年代后，世界格局动荡不安，主要体现在（　　）。

A.价值观的西化,强调个性

B.传统文化与外来文化的融合

C.科技生产力成为共识

D.竞争条件下生产要素分化、重组

E.出现大规模的经济危机

2.创意作为一个过程和一个结果,可分成(　　)阶段。

A.创意启蒙　　　　　　　　B.创意形成

C.创意筛选　　　　　　　　D.创意验证实施

E.创意效果验证

3.迈克尔·波特认为企业的基本战略有(　　)。

A.总成本领先战略　　　　　B.成本导入战略

C.差别化战略　　　　　　　D.目标集聚战略

E.市场分级战略

4.下列关于托马斯·彼得斯的表述正确的有(　　)。

A.他是美国最负盛名的管理学大师

B.他本人拥有坚实的学术背景

C.他提出管理的八条原则

D.用心理学的研究成果以寻求调动人的最大潜力

E.与他人合著《追求卓越》和《志在成功》

5.新形势下约翰·科特提出了新规则,其内容包括(　　)。

A.新的现实　　　　　　　　B.新的反应

C.新的力量　　　　　　　　D.新的问题

E.新的领导艺术

6.日本企业文化的精神支柱是(　　)。

A.儒家文化　　　　　　　　B.民族特性

C.企业工会制　　　　　　　D.年功序列制

E.终身雇佣制

7.企业文化学派的代表人物有(　　)。

A.威廉·大内　　　　　　　B.艾伦·肯尼迪

C.彼得·圣吉　　　　　　　D.约翰·科特

E.泰伦斯·迪尔

8.迈克尔·波特的主要著作有（　　）。
   A.《竞争战略》
   B.《竞争优势》
   C.《国家竞争优势》
   D.《品牌间选择、战略及双边市场力量》

9.迈克尔·波特博士获得的崇高地位缘于他所提出的（　　）。
   A."五种竞争力量"　　　　B."四种竞争力量"
   C."两种竞争战略"　　　　D."三种竞争战略"
   E.管理新规则

10.迈克尔·波特提出的三种基本竞争战略是（　　）。
   A.总成本领先战略　　　　B.无差异化战略
   C.差别化战略　　　　　　D.专一化战略
   E.集中化战略

11.学习型组织的特点有（　　）。
   A.建立共同愿景　　　　　B.团队学习
   C.改变心智模式　　　　　D.自我超越
   E.系统思考

12.约翰·科特认为领导者应该具备的"四要素"是（　　）。
   A.精神和动力　　　　　　B.智力和智能
   C.正直　　　　　　　　　D.精神和心理健康
   E.谦虚

13.企业文化理论的主要内容包括（　　）。
   A.物质文化　　　　　　　B.行为文化
   C.制度文化　　　　　　　D.精神文化
   E.理念文化

三、简答题

1.简述波特的行业结构框架的五种作用力。
2.简述科特的管理新规则。

3.简述彼得斯的管理八原则和管理哲学。
4.什么是学习型组织？它有哪些特征？为什么要建立学习型组织？
5.文化管理的特点有哪些？企业实施文化管理需要解决哪些问题？
6.简述差别化战略。
7.企业文化理论的主要内容间的相互关系。

四、论述题

1.试论彼得·圣吉的学习型组织内容及特征。
2.企业再造包含哪些内容？
3.运用波特的战略思想分析行业结构的五种竞争力量。
4.学习型组织的五项修炼的内容是什么？你认为五项修炼之间有什么关系？
5.结合管理实际谈谈企业再造理论的含义。

参考答案及评析

一、单项选择题

1.C 2.A 3.D 4.B 5.D 6.D 7.D 8.A 9.C 10.B 11.A 12.B 13.D 14.A 15.B 16.B 17.C

二、多项选择题

1.ABCD 2.BCD 3.ACD 4.ACDE 5.ABCE 6.CDE 7.ABE 8.ABCD 9.AD 10.ACD 11.ABCDE 12.ABCD 13.ABCD

三、简答题

1.答:(1)供应商讨价还价的能力;(2)购买者讨价还价的能力;(3)潜在竞争者进入的威胁;(4)替代品的替代威胁;(5)行业内竞争者现在的竞争程度。

2.答:在新的形势下,科特提出了他的一些新的管理规则。(1)新的现实。不要再依靠传统,再按本世纪大多数成功走过的道路将不会再保证你成功了,而应该着眼于全球化和不断变化的形势——既提供了巨大的发展机会,也带来了相应的危险。(2)新的反应。离开庞大的官僚化的公司,去小的和更企业化的公司,在竞争日益加剧的今天,快速、灵活、善变是企业制胜的法宝。(3)新的力量。要增强竞争动力,高标准和强烈的取胜愿望是不可缺少的。如今,不断成长、终身学习,对职业的成功显得越来重要。(4)领导艺术。科特认为,在企业中领导和管理是两个十分不同的概念。管理是计划、预算过程的确定和详细的日程安排,并调拨资源来实现计划;而领导是确定经营方向,确立将来的远期目标,并为实现远期目标制订进行变革的战略。在企业发展的过程中,这两者是缺一不可的,只有将有力的管理和领导结合起来,才能带来满意的效果。

3.答:(1)看准就干,行动果断,以求发展;(2)接近顾客;(3)自主创业;(4)以人促产;(5)深入基层;(6)专心搞本行;(7)精兵简政;(8)张弛互济。

彼得斯的管理哲学:(1)人们需要有意义的生活;(2)人们需要受一定的控制;(3)人们需要受到鼓励和表扬;(4)人们的行动和行为在一定程度上形成态度和信念,而不是态度和信念形成行动和行为。

4.答:所谓学习型组织,就是为面临变化剧烈的外在环境,组织应力求精简、扁平化、弹性因应、终身学习、不断自我组织再造,以维持竞争力。这种组织具有持续发展的能力,是可持续发展的组织。

学习型组织的主要特征有:(1)建立共同愿景;(2)团队学习;(3)改变心智模式;(4)自我超越;(5)系统思考。

建立学习型组织的作用和意义在于:一方面,保证企业的生存,学习使企业组织具有不断改革的能力,提高企业组织的竞争力;另一方面,学习更是为了实现个人与工作的真正融合,使人们在工作中活出生命的意义。

5.答:文化管理的特点有七点。(1)以文化为基础,强调人的能动作用,是以人为本的更高层次的"人本主义";(2)组织结构呈现扁平化,具有灵活性、柔性、跳跃性和速变性的特点;(3)强调团队精神和情感管理;(4)以企业文化构建为主要手段,塑造企业文化是文化管理的核心内容;(5)文化管理要求理性与非理性的结合;(6)文化管理要求组织是学习型组织;(7)文化管理要求领导是育才型的领导;

(8)文化管理方式以内激为主。

　　企业实施文化管理需要解决:(1)对文化的取舍和加工处理问题;(2)对传统文化的扬弃问题;(3)对外来文化的学习借鉴问题;(4)对单纯经济文化倾向的认识问题。

　　6.答:所谓差别化管理,是指为使企业产品与竞争对手产品有明显的区别,形成与众不同的特点而采取的一种战略。这种战略的核心是取得某种对顾客有价值的独特性,企业要突出自己产品与竞争对手之间的差异性。差别化战略是将产品或公司提供的服务差别化,树立起一些全产业范围中具有独特性的东西,在行业内以它的特质获得溢价的报酬。

　　7.答:企业文化的主要内容包括物质文化、行为文化、精神文化和制度文化。物质文化是企业文化的基础,为其他要素提供物质基础;行为文化是企业文化的外显文化,受精神文化和制度文化的制约;制度文化是企业文化的纽带,约束和规范行为文化和物质文化建设;精神文化是企业文化的核心,为其他要素提供思想基础。

四、论述题

　　1.答:圣吉提出了"五项修炼"为基础的学习型理念,他的代表作有《第五项修炼——学习型组织的艺术与实务》。学习型组织是指通过培养弥漫于整个组织的学习气氛,充分发挥员工的创造性思维能力而建立起来的一种有机的、高度柔性的、扁平的、符合人性的、能持续发展的组织。圣吉的学习型组织五个组织部分为:(1)系统思考,这是五项修炼的核心;(2)自我超越,这是五项修炼的基础;(3)心智模式;(4)共同愿景;(5)团队学习。

　　学习型组织的八个特征:(1)组织成员拥有一个共同的愿景;(2)组织由多个创造性个体组成;(3)善于不断学习;(4)地方为主的扁平式结构;(5)自主管理;(6)组织的边界将被重新界定;(7)员工家庭与事业的平衡;(8)领导者的新角色。

　　2.答:企业再造理论,也译为"公司再造"、"再造工程",是针对企业业务流程的基本问题进行反思,并对它进行彻底的重新设计,以及在成本、质量、服务和速度等衡量企业业绩的这些重要尺度上取得显著的进展。

哈默和钱皮共同出版的《企业再造——工商管理革命宣言书》标志着企业再造理论的产生。企业再造的目的是提高企业竞争力,从业务流程上保证企业能以最小的成本将高质量的产品和优质的服务提供给企业客户。企业再造的实施办法:以先进的信息系统和信息技术为手段,以顾客的中长期需要为目标,通过最大限度减少对产品增值无实质作用的环节和过程,建立起科学的组织结构和业务流程,使产品的质量和规模发生质的变化。企业再造的内容:首先以企业生产作业或服务流程为审视对象,从多个角度重新审视其功能、作用、效率、成本、速度、可靠性、准确性,找出其不合理的因素,然后以效率和效益为中心对作业流程和服务进行重新构造,以达到业绩上质的飞跃和突破。

企业再造的主要程序。(1)对原有流程进行全面的功能和效率分析,发现存在的问题。包括:①功能障碍;②重要性;③可行性。(2)设计新的流程改进方案,并进行评估;(3)制定与流程改进方案相配套的组织结构、人力资源配置方式、业务规范等方面的改进规划,形成系统的企业再造方案。(4)组织实施与持续改善。企业再造的效果:改变了顾客的满意度,由最坏变为最好,并使企业获得了前所未有的收入。

3.答:(1)潜在竞争者的进入力量。竞争环境是由多种动态因素构成的,每个行业随时都可能有新的进入者加入竞争。当潜在竞争者进入该行业后,就会形成新的竞争力量。潜在进入者威胁的大小,取决于行业的进入壁垒和该行业现有企业的反击能力。行业进入壁垒的高低主要取决于法律政策因素、技术因素、规模经济因素、经验曲线效应。

(2)供应者力量。在企业进入某一行业以后,要在市场获取资源,这种获取是要花成本的,对供方来说,是提供投入产品的差异,对进入某个行业的企业来说,就要考虑行业中供方和企业的转换成本。除了这个因素以外,还必须考虑替代品投入的现状和供方的集中程度,而批量大小对供方的重要性与产业总成本及特色也影响产业中企业的前向整合和后向整合。

（3）替代品力量。替代品对企业的生存构成威胁，这种威胁主要来自于替代品相对价格的表现。

（4）现有竞争者的力量。同行业现有企业的竞争是最直接、最显现的。行业内现有企业为争取改善自身的市场地位总是要进行竞争的。这种竞争会带来研究投资的增加，或者使降价势在必行，这些都会降低利润。

（5）买方力量。作为购买者，所追求的就是以最小的支出获得最大的满足，因而必然存在对产品的选择和讨价还价的问题。对于进入企业来说，购买企业产品的买方是决定企业生存的主要力量。他们主要从两个方面影响企业：一是砍价杠杆，二是价格敏感性。

4.答：圣吉提出任何一个组织要成为学习型组织，都必须进行以下五项修炼。

第一项是自我超越。自我超越是学习型组织的精神基础。这项修炼是学习不断理清并加深个人的真正愿望，集中精力，培养耐心，并客观地观察现实。这项修炼对于组织中整体价值观的形成，对于组织成员对组织目标的认同，对于提高组织的学习能力都具有重要作用。

第二项是改善心智模式。心智模式是根深蒂固于人们心中，影响人们如何了解世界，以及如何采取行动的许多假设、成见，或者是图像、印象等。心智模式决定了人们对世界的看法。

第三项是建立共同愿景。共同愿景就是要回答我们想要创造什么的问题。建立共同愿景包含四项要素：愿景——我们想要的未来图像；价值观——我们如何到达我们的目的地；目的和使命——组织存在的理由；目标——我们期待在短期内达到的里程碑。

第四项是团队学习。在现代组织中，不仅每个成员需要学习，而且整个组织也需要共同的学习。学习型组织的根本手段就在于学习，而团队学习是其最基本的形式。学习型组织的修炼必须通过团队学习的形式，才能组织起来并具体实施。

团队学习的组织形式是深度会谈。深度会谈是一个团体的所有成员,摊开心中的假设,而进入真正一起思考的过程。

第五项是系统思考。系统思考是五项修炼的核心。圣吉认为,系统思考就是思考及形容、了解行为系统之间相互关系的方式。系统思考应遵循以下原则:第一要防止分割思考,注意整体思考的原则;第二要防止静止思考,注意动态思考的原则;第三要防止表面思考,注意本质思考的原则。

五项修炼之间的关系:在五项修炼中,第五项修炼即系统思考是核心;改善心智模式和团队学习是基础;自我超越和建立共同愿景这两项修炼形成向上的张力。

5.答:企业再造是指为了在衡量绩效的关键指标上取得显著改善,从根本上重新思考、彻底改造业务流程。其中,衡量绩效的关键指标包括产品和服务质量、顾客满意度、成本、员工工作效率等。

从以下四个方面来把握企业再造的含义。

(1)企业再造需要从根本上重新思考业已形成的基本信念,如对分工思想、等级制度、规模经营、标准化生产和官僚体制等进行重新思考。这就需要打破原来的思维定势,进行创造性思维。

(2)企业再造是一次彻底的企业再造,不是对组织进行肤浅的调整修补,而是要进行脱胎换骨式的彻底改造,抛弃现有的业务流程和组织结构以及陈规陋习,另起炉灶。

(3)企业通过再造工程可望取得显著的进步。企业再造是根治企业顽疾的一剂"猛药",可望取得跳跃式的进步。

(4)企业再造从重新设计业务流程着手。业务流程是企业以输入各种原料和顾客需求为起点到企业创造出对顾客有价值的产品(或服务)为终点的一系列活动。在一个企业中,业务流程决定着组织的运行效率,是企业的生命线。

企业再造与以前的渐进式变革理论有本质的区别。企业再造是某些组织的再生策略,它需要全面检查和彻底翻新原有的工作方式,把被分割得支离破碎的业务流程合理地"组装"回去。通过重新设计业务流程,建立一个扁平化的、富有弹性的新型组织。

第十一章　当代管理思想的发展趋势

知识网络

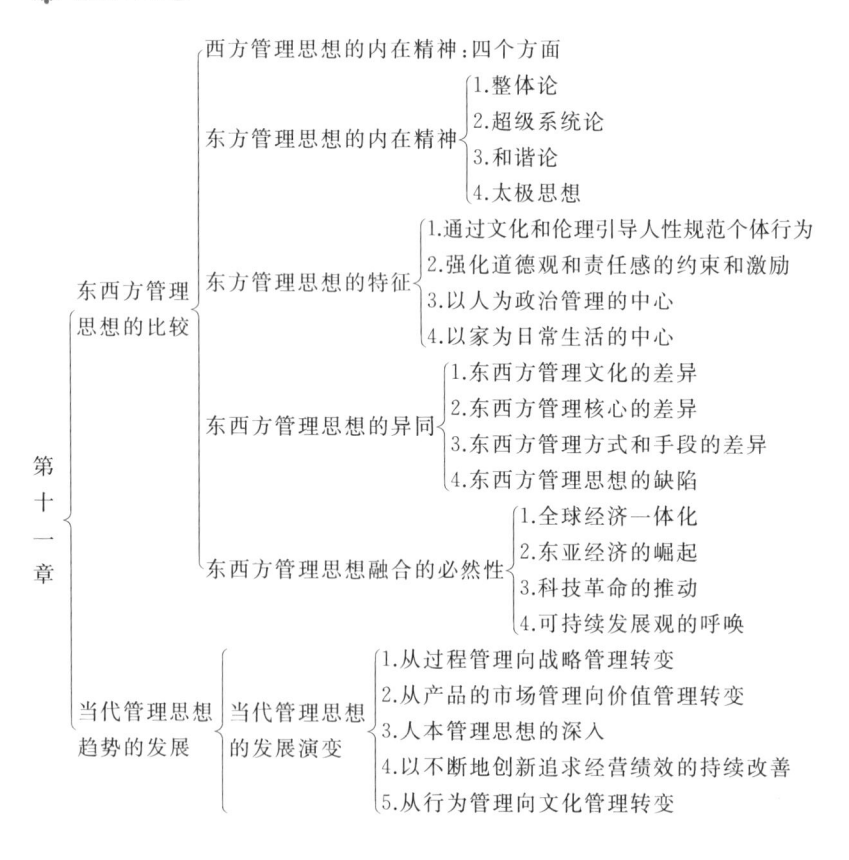

第十一章
- 东西方管理思想的比较
  - 西方管理思想的内在精神：四个方面
  - 东方管理思想的内在精神
    1. 整体论
    2. 超级系统论
    3. 和谐论
    4. 太极思想
  - 东方管理思想的特征
    1. 通过文化和伦理引导人性规范个体行为
    2. 强化道德观和责任感的约束和激励
    3. 以人为政治管理的中心
    4. 以家为日常生活的中心
  - 东西方管理思想的异同
    1. 东西方管理文化的差异
    2. 东西方管理核心的差异
    3. 东西方管理方式和手段的差异
    4. 东西方管理思想的缺陷
  - 东西方管理思想融合的必然性
    1. 全球经济一体化
    2. 东亚经济的崛起
    3. 科技革命的推动
    4. 可持续发展观的呼唤
- 当代管理思想趋势的发展
  - 当代管理思想的发展演变
    1. 从过程管理向战略管理转变
    2. 从产品的市场管理向价值管理转变
    3. 人本管理思想的深入
    4. 以不断地创新追求经营绩效的持续改善
    5. 从行为管理向文化管理转变

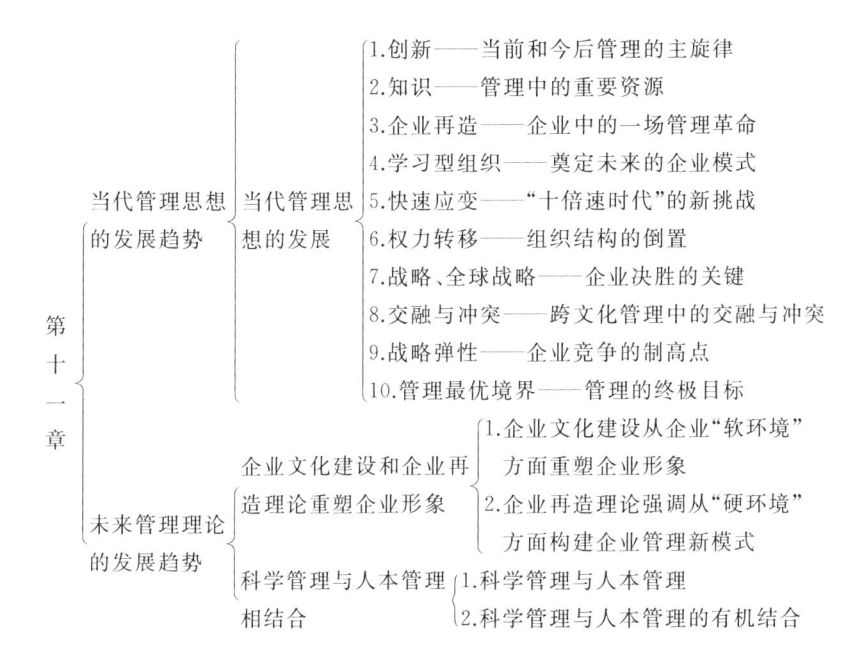

```
                    ┌ 当代管理思 ┬ 1.创新——当前和今后管理的主旋律
                    │            │ 2.知识——管理中的重要资源
       ┌ 当代管理思想 │ 想的发展    │ 3.企业再造——企业中的一场管理革命
       │ 的发展趋势  │            │ 4.学习型组织——奠定未来的企业模式
       │            │            │ 5.快速应变——"十倍速时代"的新挑战
第      │            │            │ 6.权力转移——组织结构的倒置
十      │            │            │ 7.战略、全球战略——企业决胜的关键
一 ─┤                             │ 8.交融与冲突——跨文化管理中的交融与冲突
章      │                         │ 9.战略弹性——企业竞争的制高点
       │                         └ 10.管理最优境界——管理的终极目标
       │            ┌ 企业文化建设和企业再 ┌ 1.企业文化建设从企业"软环境"
       │            │ 造理论重塑企业形象   │   方面重塑企业形象
       └ 未来管理理论│                     └ 2.企业再造理论强调从"硬环境"
         的发展趋势  │                         方面构建企业管理新模式
                    └ 科学管理与人本管理  ┌ 1.科学管理与人本管理
                      相结合              └ 2.科学管理与人本管理的有机结合
```

📖 学习目的与要求

通过对本章的学习,了解东西方管理思想存在的差异,在搞清东西方管理思想存在差异的基础上进一步领会造成东西方管理存在差异的原因。理解东西方管理思想融合的必然性。识记当代管理思想的发展演变过程和阶段,把握未来管理思想发展的趋势。

考核重点

1.西方管理思想的内在精神。
2.东方管理思想的内在精神。
3.战略管理的模式。
4.戴明:质量管理领域的泰斗,"质量管理之父"。
5.朱兰。

6. 杰克·韦尔奇,6σ 理论。

7. 当代管理理论的变迁与发展,未来管理理论发展趋势体现在两个方面。

同步强化训练

一、单项选择题

1. 构成资本主义精神的首要条件是( )。
   A. 市场伦理　　　　　　　B. 新教伦理
   C. 制度伦理　　　　　　　D. 个人自由的伦理

2. 提出著名的管理思想——"人是环境的产物"的是( )。
   A. 安德鲁·尤尔　　　　　B. 查尔斯·杜平
   C. 查尔斯·巴尔奇　　　　D. 罗伯特·欧文

3. 最早把帕雷托引入质量管理的是( )。
   A. 威廉·戴明　　　　　　B. 欧内斯特·戴尔
   C. 约瑟夫·朱兰　　　　　D. 彼德·德鲁克

4. 世界著名的质量管理专家,质量管理的先驱者是( )。
   A. 威廉·戴明　　　　　　B. 迪尔·米兰
   C. 约瑟夫·肯尼迪　　　　D. 钱德勒

5. "构成企业竞争能力和竞争优势基础的多方面技能、互补性资源和运行机制的有机融合,是识别和提供竞争优势的知识体系",指的是企业的( )。
   A. 战略规划　　　　　　　B. 核心能力
   C. 质量管理　　　　　　　D. 经验曲线

6. 下列选项中,不属于"朱兰三部曲"的是( )。
   A. 质量计划　　　　　　　B. 质量意识
   C. 质量控制　　　　　　　D. 质量改进

7. 根据核心能力分工原则,企业只经营其核心能力擅长的业务,把边沿业务外包,形成劳动的社会化大分工。企业快速形成,一旦使用完成立即解体,这种模式称为( )。

A.大规模定制 B.时间竞争

C.归核化 D.虚拟组织

8.未来管理组织结构将呈( )。

A.直线型结构 B.矩阵型结构

C.扁平化结构 D.事业型结构

9.在21世纪全球性的知识经济时代,( )将成为最重要的企业竞争战略。

A.企业文化 B.虚拟组织

C.核心能力 D.战略规划

10.儒家管理思想的核心是( )。

A.无为 B.人治 C.礼 D.仁

11.管理活动与不同的文化结合形成不同的管理风格,强调个人价值、严格的制度、理性决策和最大限度的利润的是( )。

A.美国式以"法"为主的管理

B.日本式以"理"为主的管理

C.中国式以"情"为主的管理

D.中国式以"和"为主的管理

12.有效的管理学者提出了流程管理,流程管理的英文缩写是( )。

A.MPT B.MTP C.TMP D.TPM

二、多项选择题

1.下列关于企业战略表述正确的是( )。

A.企业应该有明确的战略

B.企业战略是一种革命

C.战略计划必须推陈出新

D.制订战略必须讲究民主

E.战略必须是对全局的一种把握

2.资本主义精神的主要内涵是( )。

A.新教伦理 B.制定伦理
C.个人自由的伦理 D.个体伦理
E.市场伦理

3.要达到学习型组织需要有(　　)几个方面的扎实基础功底。
A.系统思维 B.团队学习
C.自我超越 D.改善心智模式
E.建立共同目标前景

4.管理创新的内容包括(　　)。
A.制度创新 B.观念创新
C.战略创新 D.组织创新
E.市场创新

5.东方文化的核心是以儒家思想为主线,作为其发展历程的副线是(　　)。
A.兵家思想 B.法家思想
C.道家思想 D.农家思想
E.佛教

三、简答题

1.论述东西方管理思想融合的必然性。
2.简述管理创新的特点及内容。

四、论述题

1.论述管理国际化的成因。
2.为什么要进行管理创新?你认为当前我国的管理创新应该侧重于哪些方面?
3.论述东方管理思想的缺陷。
4.论述企业再造运动和传统管理模式的主要不同点。

参考答案及评析

一、单项选择题

1.D 2.D 3.C 4.A 5.B 6.B 7.D 8.C 9.A 10.B 11.A 12.B

二、多项选择题

1.BCDE 2.ACE 3.ABCDE 4.ABCDE 5.CE

三、简答题

1.答:(1)全球经济一体化。随着全球经济一体化趋势不断加强,东西方管理文化和管理思想不断融合。(2)东亚经济的崛起。随着东亚经济的崛起,当今社会世界经济中心开始转移到亚洲。(3)科技革命的推动。科学技术发展的水平也达到了前所未有的高度:信息产业加速了人与人之间、企业与企业之间、国内与国外之间的联系,极大地提高了人们的工作效率。(4)可持续发展观的呼唤。可持续发展观要求对资源、环境等进行高效、合理利用的同时,对其进行合理的重建。这一观点已经成为全世界的共识。

2.答:管理创新具有以下几方面的特点。(1)它是针对未来的需要。(2)它是以行动为导向的。(3)它属于社会或心理程序,而非技术程序。

管理创新的内容:组织在运行中的创新要涉及许多方面,不同的组织,其创新的具体内容会有所不同。但主要应包含以下几方面内容:管理理念创新、组织机构创新、管理方式与方法创新、管理模式创新、管理制度创新。

四、论述题

1.答:(1)经济因素。第一,经济全球化和经济一体化。具体体现在:金融全球化、生产国际化、生活国际化。第二,知识经济时代的来临。由于信息技术的发展和经济全球化,促进了全球范围内知识的生产、传播和应用,从而有力推动了知识经济的发展和知识经济时代的到来。第三,全球企业和小型企业的迅速发展。为了在全球经济中取得和保持竞争优势地位,跨国公司通过进行全球并购和企业重组建立超国家的大型和巨型全球企业。这种全球型企业的数量在21世纪会迅速增加。与此同时,技术与技能密集型的小型和微型企业的数量也将剧增。

(2)技术因素。国际网络技术的普及和全球信息高速公路的构造;电子商务的迅速发展。

(3)政治和法律因素。环保意识的增强;可持续发展的要求。

2.答:(1)管理创新的必要性。作为管理主体的管理者,他在整合企业资源的过程中会遇到两类问题:一是程序性问题,如生产流水线的运行。管理主体只要按照既定的程序或范式(基本规则和基本规律)配置资源,便可达到既定目标。二是非程序性问题,即管理主体没有可以参照的程序或范式配置资源,而是需要针对这些问题的特性去创设全新的资源配置程序或范式,以达到既定的目标,如信息高速公路给人们带来管理新阶段。

当代管理者已经不能把自己的思维限定在如何创造性地有效整合组织内资源,以实现组织既定目标和责任的范围之内,而要考虑所使用资源的长期供给问题,需要考虑组织的既定目标和责任究竟在多大程度上与全人类、全社会健康长远发展相一致,而不仅仅从某个利益集体出发;需要进一步审视你所创新的管理技术和方法是否对人本身的身心健康和全面发展有益。

(2)我国的管理创新应该侧重于以下方面。组织在运行中的创新要涉及许多方面,不同的组织其创新的具体内容会有所不同。但主要应包含以下几方面内容:管理理念创新、组织机构创新、管理方式与方法创新、管理模式创新、管理制度创新。

从广义上来看,管理制度包括从产权制度到企业内部的管理制度各个方面。在这些制度中,有些制度、法律将其固定化。而其他内部制度则能加以发挥、发展和创新;不过,这种创新首先应针对制度的共性,即管理的基本规则方面,其次,才是制度特性方面,即与企业自身特点相关的方面。管理制度包括各类企业管理制度的创新、管理制度的效用评价、管理制度的制定方法、系统化管理制度的创新、企业内部工作流程的设定与创新、科学议事规则设定等。

3.答:东方的管理思想比较人性化,贴近普通人的自然思考方式,但在决策过程中掺杂过多的人情因素,会影响判断和决策的客观性,会影响整个组织的运行效率;在管理中过于突出人的作用和人的影响,按照人类自然形成的思考习惯和方式进行管理,由于人与人之间有差异,人的思维过程复杂,在不同的环境中思维方式有很大的不确定性,这样就容易导致无法客观衡量管理效果,从而影响奖惩结果,最终影响组织成员的积极性,也无法掌握管理流程的标准,导致管理过程中的不确定因素影响过大;"一团和气"的文化,一方面使得组织内部比较和谐,另一方面也造成了组织有回避尖锐问题的倾向,容易导致组织中的某些关键问题和核心问题无法解决。在东方管理思想中,关系、和谐、人情等因素地位过重,牺牲了组织的效率。

4.答:企业再造运动和传统的管理模式主要有两个方面的不同。

(1)从传统的自上而下的管理模式变为信息过程的增值管理模式,即衡量一个企业的有效性的主要标志是当一个信息输入企业以后,经过企业的加工然后再输出,信息所通过企业的任何一个管理环节对此信息的加工的增值是多少,从工业的新产品链到信息的价值链,形成了一个企业的价值增值的过程。如果不对该信息进行增值就要进行改造,就会形成一个企业管理机制观念的改变。

(2)企业再造就是要改变企业的运作模式。企业再造不是在传统的管理模式基础上的渐进式改造,而是强调从根本上着手,"要改变企业的运作模式就彻底改造,把旧的全部忘掉,全部抛弃",这样的企业再造革命是建立在信息网络遍布企业内部的各个部门的基础上的。企业内部职工可以得到与自己有关的信息,这样大大减少了信息流动所带来的时间损失,不仅提高了效率,精简了人员,还使得每个员工都对企业的全局有了一个全面的了解,从而使企业出现一个崭新的局面。

第十二章　中国当代的管理思想

知识网络

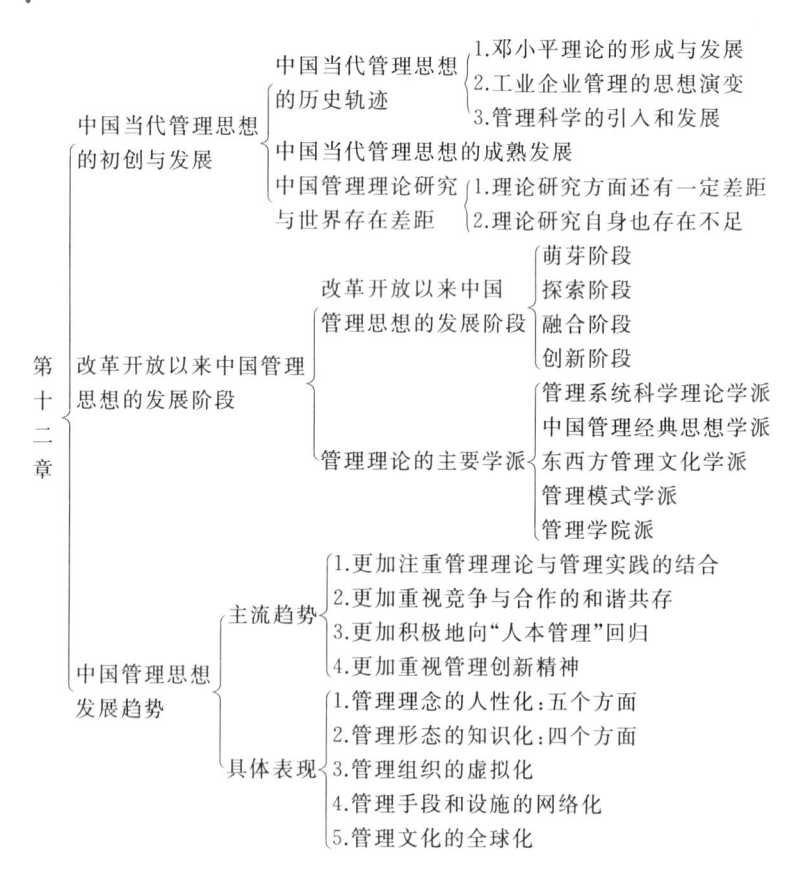

- 第十二章
  - 中国当代管理思想的初创与发展
    - 中国当代管理思想的历史轨迹
      1. 邓小平理论的形成与发展
      2. 工业企业管理的思想演变
      3. 管理科学的引入和发展
    - 中国当代管理思想的成熟发展
    - 中国管理理论研究与世界存在差距
      1. 理论研究方面还有一定差距
      2. 理论研究自身也存在不足
  - 改革开放以来中国管理思想的发展阶段
    - 改革开放以来中国管理思想的发展阶段
      - 萌芽阶段
      - 探索阶段
      - 融合阶段
      - 创新阶段
    - 管理理论的主要学派
      - 管理系统科学理论学派
      - 中国管理经典思想学派
      - 东西方管理文化学派
      - 管理模式学派
      - 管理学院派
  - 中国管理思想发展趋势
    - 主流趋势
      1. 更加注重管理理论与管理实践的结合
      2. 更加重视竞争与合作的和谐共存
      3. 更加积极地向"人本管理"回归
      4. 更加重视管理创新精神
    - 具体表现
      1. 管理理念的人性化：五个方面
      2. 管理形态的知识化：四个方面
      3. 管理组织的虚拟化
      4. 管理手段和设施的网络化
      5. 管理文化的全球化

第十二章　中国当代的管理思想

📖 学习目的与要求

通过对本章的学习,了解中国当代管理思想的历史轨迹,找出中国管理理论研究与世界存在的差距以及产生差距的原因。识记改革开放以来中国管理思想发展的四个阶段和中国管理理论的主要学派。掌握中国管理思想发展的主流趋势以及具体表现。

💡 考核重点

1. 改革开放以来中国管理思想的产生与发展经历的几个阶段。
2. 中国管理理论研究学派分类。
3. 中国管理思想发展趋势的具体表现。

☀ 同步强化训练

一、单项选择题

1. 人类进入 21 世纪后,成为最重要的资源的是(　　)。
   A. 石油　　　B. 信息　　　C. 土地　　　D. 知识
2. 在知识经济时代,在金字塔形企业组织结构中,最上层的是(　　)。
   A. 企业总裁　　　　　　B. 员工
   C. 供应商　　　　　　　D. 用户和顾客
3. 改革开放以来中国管理思想的产生与发展经历了(　　)个阶段。
   A. 三　　　B. 四　　　C. 五　　　D. 六
4. 工业心理学作为管理学的一个重要组成部分,其地位被牢固地树立起来,是在(　　)。
   A. 1880 年左右　　　　　B. 1900 年左右

C.1920 年左右　　　　　　D.1940 年左右

5.中国当代管理思想的萌芽时期为(　　)。

　A.20 世纪 70 年代末至 80 年代中期

　B.20 世纪 70 年代中期至 80 年代初期

　C.20 世纪 80 年代初期至 80 年代中期

　D.20 世纪 70 年代初期至 90 年代初期

二、多项选择题

1.以下属于中国管理理论研究自身存在的不足之处的是(　　)。

　A.没有形成独具特色的管理理论流派

　B.介绍西方的理论比较多

　C.中国管理理论学院味较浓

　D.研究对象单一

　E.理论研究受政治影响较大

2.中国管理学界将管理理论研究归纳成以下几大学派(　　)。

　A.管理系统科学理论学派

　B.东西方管理文化学派

　C.管理学院派

　D.中国管理经典思想学派

　E.管理模式学派

三、简答题

1.简述虚拟企业的特征。

2.简述中国管理理论的主要学派。

3.简述中国管理思想发展趋势的具体表现。

4.人情化管理包括哪几方面的内容？

四、论述题

论述管理思想发展趋势的具体表现。

参考答案及评析

一、单项选择题
1.D 2.D 3.B 4.C 5.A

二、多项选择题
1.ABCE 2.ABCDE

三、简答题

1.答:虚拟企业具有如下特征。

(1)人力虚拟化。虚拟企业首先是人力资源的虚拟集成,根据企业自身的人才资源优劣和外部企业进行人才资源优势互补。通过信息网络把来自各个不同企业的人员集成在一起,为一个共同的目标协同工作。

(2)结构虚拟化。虚拟企业的最大优点是"用最大的组织来实现最大的权能",其结构功能是虚拟的集成结构。

(3)信息网络化。虚拟企业特别是高科技虚拟企业是以信息网络为支持,以信息工程联网为硬基础的。

(4)组织动态化。虚拟企业由组建、生产、解体三个过程组成,其存在的时间完全取决于项目和产品。

(5)并行分散式作业。在虚拟企业中,企业成员活动在空间上是分散的,在时间上是并行的。

2.答:中国管理学界对管理理论的研究各有侧重,将管理理论研究归纳成以下几大学派。(1)管理系统科学理论学派;(2)中国管理经典思想学派;(3)东西方管理文化学派;(4)管理模式学派;(5)管理学院派。

3.答:(1)管理理念的人性化;(2)管理形态的知识化;(3)管理组织的虚拟化;(4)管理手段和设施的网络化;(5)管理文化的全球化。

4.答:(1)情感化管理;(2)民主化管理;(3)自我管理;(4)能人管理;(5)文化管理。

四、论述题

答:(1)管理理念的人性化。所谓人性化管理,就是一种在整个企业管理过程中充分注意人性要素,以充分挖掘人的潜能为己任的管理模式。人性化管理具体包括以下几个方面。

第一,感化管理,就是要注重人的内心世界,根据情感的可塑性、倾向性和稳定性等特征去进行管理,其核心是激发职工的积极性,消除职工的消极情感;

第二,民主化管理,就是让员工参与决策;

第三,自我管理,是指职工根据企业的发展战略和目标,自主制订计划,实施控制,实现目标,即"自己管理自己";

第四,能人管理,就是要发现大批有能力的人才,并且要让能人管理好自己。

第五,文化管理,是人性化管理的最高层次,它通过企业文化培育、管理文化模式的推进,使员工形成共同的价值观和共同的行为规范。

(2)管理形态的知识化。知识经济时代的企业需要新的企业管理形态。作为企业管理形态的创新,企业管理将进入知识管理阶段。而知识管理就是利用组织的无形资产创造价值的艺术。其管理的特点将更加注重企业知识的共享和创新,重视企业人才、企业创新、企业形象和企业文化发展战略,将知识和信息作为企业的战略资源,将是以可持续发展为导向的管理。

(3)管理组织的虚拟化。企业的组织模式自20世纪30年代以来,先后经历了等级制、职能制、分权制,最后进化到当代的虚拟制。虚拟企业是一种典型的动态联盟形式,它变传统的集权式组织结构为开放式网络组织结构,企业由"公司制"变为"联邦制"。虚拟企业不再是由确定的结构和可划分界限的能力来定义,它在供货厂商、客户和企业本身内部结构的范围内是流动的、相互渗透的和持续变化的。在虚拟企业中,企业在特定组织状态下运作,具备完整的企业功能,但在企业体内却没有执行这些功能的组织,即企业仅保留一般企业中最关键的功能,其他功能在有限的资源下,无法兼顾达到足以竞争的要求,所以将之虚拟化,以各种方式借以外力来进行整合,进而创造企业本身的竞争优势。

(4)管理手段和设施的网络化。网络管理同传统管理无论从管理主体和客体、管理时间和空间、管理内容和形式、管理方式和手段、管理观念和文化、管理目标和使命等方面都发生了大跨度的变化。网络化管理要求在管理中要实现人力资源管理过程的柔性化和科学化;要建立数字管理应用系统和扁平化管理结构;要强化管理者的创新意识,建立有效的管理机制。

(5)管理文化的全球化。在管理文化上,取长补短、相互融合是必然的趋势,这种趋势在21世纪将表现得特别突出和明显。世界经济的全球化要求企业尤其是企业的领导人必须加强企业文化层面的沟通与交流,以企业共同价值来凝聚广大员工的人气,只有这样的企业才真正是全球化的企业。

附录一 管理思想史全真模拟试卷

管理思想史全真模拟试卷(一)

(课程代码   )

本试卷满分 100 分,考试时间 150 分钟。

总　分		题号	一	二	三	四
核分人		题分	20	20	36	24
复查人		得分				

得分	评卷人	复查人

一、单项选择题(本大题共 20 小题,每小题 1 分,共 20 分)在每小题列出的四个备选项中只有一个是符合题目要求的,请将其代码填写在题后的括号内。错选、多选或未选均无分。

1.18 世纪后的管理思想发展可分为(　　)时期。
　　A.两个　　　　B.三个　　　　C.四个　　　　D.五个
2."不慕古,不留今,与时变,与俗化"是(　　)所强调的管理者应有的创新精神。
　　A.孙子　　　　B.管子　　　　C.孟子　　　　D.老子
3.孙子认为,"兵无常势,水无常形,能因敌变化而取胜者,谓之神"。这一思想强调的是在实现管理目标的过程中要(　　)。
　　A.以谋取胜　　B.强调权变　　C.思先于行　　D.重义轻利
4.首先意识到现代企业的某些性质,首创性地采取类似现代股份制公司的形式,向公众出售股票的是(　　)。

A.古希腊　　　B.古罗马　　　C.日耳曼　　　D.中世纪的英国
5.亚当·斯密的（　　）的观点对早期古典管理理论的发展具有突出的意义。
　　A.经济人　　　B.社会人　　　C.复杂人　　　D.人性本恶论
6.亚当·斯密经济思想的中心是（　　）。
　　A.计划经济　　　　　　　B.自由市场经济
　　C.半封闭经济　　　　　　D.自由经济
7.泰勒认为科学管理的中心问题是提高（　　）。
　　A.工作时长　　B.利益分配　　C.最低工资　　D.劳动生产率
8.下列不属于泰勒著作的是（　　）。
　　A.《科学管理原理》　　　　B.《计件工资制》
　　C.《车间管理》　　　　　　D.《工业管理和一般管理》
9.马克斯·韦伯在管理思想上的最大贡献是提出了（　　）。
　　A.高工资加福利制度　　　　B.大规模的汽车流水装配线
　　C.一般管理的14项原则　　　D.理想的行政集权制理论
10.马克斯·韦伯指出，任何组织都是以某种形式的（　　）为基础的。
　　A.体系　　　B.结构　　　C.制度　　　D.权力
11.《行政管理原理》一书把各种管理理论加以综合，创造出新的体系，该书的作者是（　　）。
　　A.马克斯·韦伯　　　　　　B.林德尔·厄威克
　　C.泰勒　　　　　　　　　　D.卢瑟·古利克
12.企业管理当局必须对工厂管理人员进行训练，使他们能更好地倾听和了解工人的个人情绪和实际问题。这是（　　）实验得出的结论。
　　A.霍桑实验　　B.访谈实验　　C.梅奥实验　　D."社会人"假设
13.罗特利斯伯格在1960年为再版的梅奥于1933年写的（　　）一书的前言中，用"组织行为学"这一名称来指梅奥开创的这门学科。
　　A.《工业文明的人类问题》　　B.《人类动机理论》

C.《组织心理学》　　　　　D.《管理和士气》

14.美国行为科学家埃德加·沙因对人性进行了归类,并提出了( )种人性假设。
　　A.2　　　　B.3　　　　C.4　　　　D.5

15.现代管理理论将人看做是( ),认为人是怀着不同需要加入组织的。
　　A.经济人　　B.社会人　　C.复杂人　　D.自我实现人

16.控制论的创始人是( )。
　　A.詹姆斯·穆尼　　　　　B.诺伯特·维纳
　　C.赫伯特·西蒙　　　　　D.埃尔伍德·伯法

17.托马斯·彼得斯的管理哲学中对人性认识的归纳:人们需要受到一定的( )。
　　A.控制　　B.指导　　C.监督　　D.管理

18.决策理论学派认为( )是管理的核心问题。
　　A.执行　　B.决策　　C.监督　　D.检查

19.以下战略中,不属于波特所提出的三种基本竞争战略的是( )。
　　A.总成本领先战略　　　　B.差别化战略
　　C.多元化战略　　　　　　D.专一化战略

20.五项修炼的核心是( )。
　　A.自我超越　　B.系统思考　　C.共同愿景　　D.团队学习

二、多项选择题(本大题共10小题,每小题2分,共20分)在每小题列出的五个备选项中至少有两个是符合题目要求的。请将其代码填写在题后的括号内。错选、多选、少选或未选均无分。

21.对管理思想史的研究总体上可分为( )阶段。
　　A.两个　　B.三个　　C.四个　　D.五个　　E.六个

22.古希腊最出色的改革家、思想家有( )。
　　A.色诺芬　　　　　　B.亚里士多德
　　C.马基雅维利　　　　D.苏格拉底
　　E.希罗多德

23.关于查尔斯·巴贝奇的思想,下列表述正确的是( )。
　　A.计算投资还本问题
　　B.进一步分析劳动分工可以带来的经济利益
　　C.在科学分析的基础上制订企业管理的一般原则
　　D.固定工资加利润分享的分配制度
　　E.在管理中重视人的因素

24.亨利·福特科学管理贡献内容正确的是( )。
　　A.首创大规模的汽车流水装配线
　　B.提出了标准化和简单化生产
　　C.重视企业中人的因素
　　D.实行高工资加福利制度
　　E.强调制度管理

25.卢瑟·古利克管理七职能论包括计划、组织、指挥、协调和( )等七个职能。
　　A.预算　　B.控制　　C.人事　　D.报告　　E.反馈

26.埃德加·沙因在其《组织心理学》一书中对人性进行的假设有( )。
　　A.理性经济人假设　　　　B.社会人假设
　　C.管理人假设　　　　　　D.自我实现的人假设
　　E.复杂人假设

27.马斯洛理论中处于小康阶段的需求是( )。
　　A.安全需求　　　　　　B.生理需求
　　C.自我实现需求　　　　D.社会需求
　　E.尊重需求

28.下列关于系统管理学派的管理思想表述正确的有( )。
　　A.从系统观点出发,认为工商企业是一个由相互联系而相互合作

的系统

B.认为工商企业与周围环境存在动态的相互作用

C.工商企业具有内外信息反馈网络

D.以定量分析为主要研究方法

E.该学派盛行于70年代

29.决策问题,依据所面对问题的性质与可供选择方案的情报量来划分,可分为( )。

A.确定性决策　　　　　B.冒险性决策

C.不确定性决策　　　　D.相互冲突的决策

E.理性决策

30.管理创新的内容包括( )。

A.制度创新　　　　　　B.观念创新

C.战略创新　　　　　　D.组织创新

E.市场创新

三、简答题(本大题共6小题,每小题6分,共36分)

31.简述《孙子兵法》的管理价值。

32.泰勒科学管理的任务有哪些?

33.简述古典管理理论的缺点有哪些。

34.简述行为科学的主要特点。

35.简述管理过程学派的主要贡献。

36.简述差别化战略。

四、论述题(本大题共2小题,每小题12分,共24分)

37.论述汉高祖"无为而治"的管理思想。

38.论述对科学管理理论的评价。

参考答案及评析

一、单项选择题

1.C 2.B 3.B 4.C 5.A 6.B 7.D 8.D 9.D 10.D 11.C 12.B 13.A 14.C 15.C 16.B 17.A 18.B 19.C 20.B

二、多项选择题

21.ABCD 22.ABD 23.BCD 24.ABD 25.ACD 26.ABDE 27.DE 28.ABC 29.ABCD 30.ABCDE

三、简答题

31.答:《孙子兵法》一书的管理价值体现在包含有丰富的战略管理、信息管理、人才管理、权变管理等方面的思想。《孙子兵法》是中国古代文化的瑰宝,其伟大之处主要体现在三个跨越上:一是时间的跨越。《孙子兵法》诞生在2500年前的冷兵器时代,但它的思想却跨越到了高度文明的现代社会。虽然战争所使用的武器已从当年的战车、长矛、大刀发展到如今的飞机、大炮甚至核武器,而《孙子兵法》的影响却不减当年。二是空间的跨越。《孙子兵法》诞生在中国土地上,却跨越到西方及世界各地,计有一二十种外文译本在世界各地流传。三是领域的跨越。它原属总结战争规律的兵书,现在却跨越到政治、经济、文化、体育等领域,其基本思想已被广为运用,而且屡见成效。

32.答:泰勒科学管理的4项任务:第一项是对作业进行科学研究,以便于制订合理的工作定额;第二项则在第一项的基础上将视野投到了工人身上,试图从工人素质上找到管理赖以发挥长久作用的基础;第三项,将管理者与管理对象高度统一起来,以便管理的各项措施得以顺利实施;第四项,实际上已将企业中管理的职能与一线工人的作业职能区分开来,并且强调了由于这种分工导致管理者和工人之间承担的责任不同。

33.答:(1)对人性的研究没有深入进行,对人性的探索仅仅停留在经济人的范畴之内;(2)仅仅把管理的对象看做是一个客观存在,没有把管理对象上升到系统加以认识;(3)着重点是放在管理客观存在的内部,企业的经营管理主要研究的是人和市场,而这两点都是古典管理理论没有进行研究的。(4)对企业发展考虑得非常少。

34.答:行为科学的主要特点有:第一,突出人的因素和对人的研究。第二,吸收和借鉴相关学科成果形成了完善的学科体系。第三,提出了非正式组织的作用。第四,提出了一系列具体要求以提高管理水平。

35.答:管理过程学派的主要贡献是:第一,比较系统地形成了独立学派。相对于其他学派而言,管理过程学派是最为系统的学派。他们首先从确定管理人员的管理职能入手,并将此作为他们理论的核心结构。第二,确定的管理职能和管理原则。管理过程学派确定的管理职能和管理原则,为训练管理人员提供了基础。把管理的任务和非管理的任务加以明显的区分,能使经理集中于经理人员的基本工作上。

36.答:所谓差别化管理是指为使企业产品与竞争对手产品有明显的区别,形成与众不同的特点而采取的一种战略。这种战略的核心是取得某种对顾客有价值的独特性,企业要突出自己产品与竞争对手之间的差异性。差别化战略是将产品或公司提供的服务差别化,树立起一些全产业范围中具有独特性的东西,在行业内以它的特质获得溢价的报酬。

四、论述题

37.答:刘邦即位之初,社会形势严峻,医治战争创伤、稳定社会秩序、迅速恢复经济,就成了新王朝存在下去的迫切任务。为此,汉高祖将"无为而治"的思想作为自己的指导思想。其理论依据是:"我无为而民自化,我好静而民自正,我无事而民自富,我无欲而民自朴。"(1)行政组织,延秦旧制。为了维持政权的稳定,汉初基本上保持秦朝旧制,中央集权的本质丝毫没有变动,只是个别官职的名称略有变易。但是,汉高祖认为秦朝灭亡的重要原因之一是没有分封宗室以为藩翼,于是他让兄弟子侄分封各地为王。(2)建立法制,减轻刑罚。汉高祖重视建立法制,由萧何定律令、韩信定军法、叔孙通定朝仪。通过推行这些基本准则，在较短时间内使社会秩序迅速安定下来，为政府开展各项恢复与建设事业提供了前提条件。当时提出了"德主刑辅"，即以教化为主，刑罚为辅，达到刚柔并济、宽严相当的统治效果。(3)释放奴婢，罢兵归田。诏令因饥饿而自卖为人奴婢者"皆免为庶人"，恢复平民的身份，这对发展农业生产和增加国家税收是非常有利的。战争平息之后，立即裁减军队，为此制定优抚条例，分给所有复原官兵以较好的田宅，使他们为自耕农，成为恢复农业生产的一支重要力量。(4)轻徭薄赋，力主节俭。汉高祖为了让百姓得以休养生息，实行了轻徭薄赋的政策。开国以后，一再宣告除秦暴政，改变秦朝沉重的赋税、徭役制度。同时，汉高祖也注意紧缩开支，这对经济的恢复与发展也有促进作用。汉高祖刘邦"无为而治"管理思想的实践，不仅安抚了人民，也促进了汉代雍容大度的文化基础。他对汉民族的形成和中国的统一强大、汉文化的保护发扬有决定性的贡献。

38.答：科学管理理论的贡献：泰勒将科学引入管理领域，首次提出要以效率、效益更高的科学型管理取代传统小作坊式的经验型管理，使人认识到在管理上引进科学研究方法的重要性和必要性，开辟了管理学新纪元。科学管理理论提出的有科学依据的作业管理、管理者同工人之间的职能分工、劳资双方的心理革命等，为作业方法和作业定额提供了客观依据，使得劳资双方有可能通过提高劳动生产率、扩大生产成果来协调双方的利害关系，从而推动了生产力的发展，大幅度地提高了劳动生产率。

科学管理理论的局限性：科学管理是一种在科学管理的3个假设基础上建立起来的科学理论，存在一定的缺陷和局限性是在所难免的。(1)科学管理理论的一个基本的假设就是，人是"经济人"，这种人性假设是片面的。(2)科学管理理论的诸项原则在实际推行过程中，并没有得到很好的贯彻。(3)泰勒对工会采取怀疑和排斥的态度。

尽管泰勒的科学管理理论存在局限性，但有一点是没有疑问的是科学管理思想的确立对当时的生产力发展和社会的进步起着极其重要的推动作用。它给人类文明的进步提供了重要的方式和思想武器。

管理思想史全真模拟试卷(二)

(课程代码   )

本试卷满分100分,考试时间150分钟。

总　分		题号	一	二	三	四
核分人		题分	20	20	36	24
复查人		得分				

得分	评卷人	复查人

一、单项选择题(本大题共20小题,每小题1分,共20分)在每小题列出的四个备选项中只有一个是符合题目要求的,请将其代码填写在题后的括号内。错选、多选或未选均无分。

1. 空想社会主义代表人物之一的罗伯特·欧文,他关心工人的工作和福利条件,注重对工人的行为教育,因而他被称为(　　)。
   A. 现代人事管理之父
   B. 现代组织管理之父
   C. 现代动作管理之父
   D. 现代制度管理之父

2. 先秦时期管理思想颇为丰富,几乎先秦各学派均有自己独创的价格管理思想,除(　　)之外。
   A. 墨家　　　B. 法家　　　C. 道家　　　D. 儒家

3. 古巴比伦人的许多管理思想都体现在法律上,他们在法律上做出了民事控制、事故责任、生产控制与激励以及(　　)等规定。
   A. 最短工时　B. 最长工时　C. 最高工资　D. 最低工资

4. 关于领导者素质的名言——"我们要比狮子还勇敢,比狐狸还狡猾"的提出者是(　　)。

A.马斯·阿奎那 B.托马斯·莫尔
C.汉密尔顿 D.马基雅维利

5.英国古典经济学体系的建立者亚当·斯密其最主要的代表作是（　　）。
A.《国富论》 B.《理想国》
C.《利维坦》 D.《政治学》

6.主张建立一种管理体系来管理企业，注意企业中人的因素的美国管理学先驱是（　　）。
A.梅特卡夫 B.丹尼尔·麦卡勒姆
C.亨利·普尔 D.亨利·汤

7.对于亨利·福特的评价，下列描述中正确的是（　　）。
A.大规模生产的第一位倡导者
B.新型"效率工程师"的代表人物
C.生产计划进度图的发明者
D.科学管理之父

8.《十二个效率原则》的作者是（　　）。
A.莫里斯·库克 B.哈林顿·埃默森
C.吉尔布雷斯夫妇 D.卡尔·巴思

9.法约尔认为"经营"和"管理"是（　　）。
A.相同的 B.类似的
C.不同的 D.毫无联系

10.（　　）将法约尔有关管理过程的论点加以展开，提出了有名的管理七职能论。
A.马克斯·韦伯 B.亨利·法约尔
C.林德尔·厄威克 D.卢瑟·古利克

11.行为科学产生于20世纪20－30年代。它正式被命名为行为科学，是在1949年美国（　　）的一次跨学科的科学会议上。
A.纽约 B.芝加哥
C.佛罗里达 D.华盛顿

12.罗特利斯伯格在（　　）一书中指出，"一个人是不是全心全意地为组织提供他的服务,在很大程度上取决于他对他的工作、对他工作上的同伴和他的上级的感觉"。

  A.《科学管理原理》   B.《组织心理学》

  C.《人类动机理论》   D.《管理和士气》

13.在马斯洛的人类需要层次论中,作为人类最基本的也是推动力的最强大的需要是( )。

  A.生理需要   B.安全需要

  C.感情和归属需要   D.自我实现的需要

14.卢因提出的"群体动力理论"的函数式为 $B=f(P,E)$,其中,P 代表的是( )。

  A.个人行为   B.个体内在需要

  C.环境外力   D.个人情感

15.系统论的核心思想是系统的( )。

  A.完整观念   B.相关观念

  C.合理观念   D.整体观念

16.决策理论学派认为,管理就是( )。

  A.系统 B.经验 C.数量分析 D.决策

17.经验主义学派认为,按组织设计所依据的准则来划分,职能制结构和矩阵的组织设计围绕的中心是( )。

  A.工作和任务 B.成果 C.关系 D.权力

18.管理科学学派的管理方法主要有数学模型法、决策和( )。

  A.统计法   B.会计法

  C.生产—储蓄系统   D.数学定量法

19.威廉·大内在研究了美国企业和日本企业经营模式后,提出了( )的理论模式。

  A.A 型组织 B.X 型组织 C.Y 型组织 D.Z 型组织

20.下列提出著名的管理思想——"人是环境的产物"的是( )。

  A.安德鲁·尤尔   B.查尔斯·杜平

  C.查斯·巴尔奇   D.罗伯特·欧文

二、多项选择题(本大题共 10 小题,每小题 2 分,共 20 分)在每小题列出的五个备选项中至少有两个是符合题目要求的。请将其代码填写在题后的括号内。错选、多选、少选或未选均无分。

21. 管子所强调的管理者应有的创新精神是(　　)。
    A. 与时变　　　　　B. 不慕古　　　　　C. 与俗化
    D. 不留今　　　　　E. 立身化民

22. 在西欧中世纪的思想家中,对管理思想的发展具有一定启示的有(　　)。
    A. 托马斯·阿奎那　　B. 贾图　　　　　　C. 马基雅维利
    D. 莫尔　　　　　　E. 鲍莫尔

23. 从管理原则上看,麦卡勒姆提出了(　　)。
    A. 分工原则　　　　B. 授权原则　　　　C. 责任制原则
    D. 报告系统原则　　E. 统一指挥原则

24. 吉尔布雷斯夫妇在管理思想方面的主要贡献有(　　)。
    A. 动作研究　　　　B. 疲劳研究
    C. 探讨工人、工作和工作环境之间的相互影响
    D. 强调进行制度管理
    E. 重视企业中人的因素

25. 法约尔提出管理人员个人素质的问题,正确的是(　　)。
    A. 身体健康、体力旺盛
    B. 理解和学习能力
    C. 有毅力、坚强、勇于负责任
    D. 从实践中获得知识
    E. 较强的好胜心

26. 霍桑实验包括以下(　　)。
    A. 搬运铁块实验　　　B. 车间照明实验
    C. 继电器装配实验　　D. 继电器绕线组的工作室实验

E.大规模的访谈计划

27.连续统一体理论的提出者是(　　)。
　　A.坦南鲍姆　　　　B.鲍莫尔　　　　　　C.施密特
　　D.威廉·大内　　　E.托马斯·阿奎那

28.系统管理的特点是(　　)。
　　A.以目标为中心　　B.以任务为中心　　　C.以责任为中心
　　D.以人为中心　　　E.以整个系统为中心

29.关于托马斯·彼得斯表述正确的有(　　)。
　　A.他是美国最负有盛名的管理学大师
　　B.他本人拥有坚实的学术背景
　　C.提出管理的8条原则
　　D.用心理学的研究成果以寻求调动人的最大潜力
　　E.与他人合著《追求卓越》和《志在成功》

30.中国管理学界将管理理论研究归纳成以下几大学派(　　)。
　　A.管理系统科学理论学派
　　B.东西方管理文化学派
　　C.管理学院派
　　D.中国管理经典思想学派
　　E.管理模式学派

三、简答题(本大题共6小题,每小题6分,共36分)

31.文艺复兴时期的主要社会思潮是人文主义,它的核心是什么?
32.简述科学管理理论的前提。
33.简述马斯洛的人类需要层次论。
34.简述现代管理理论的主要特征。
35.简述目标管理中目标的先决条件。
36.简述东西方管理思想融合的必然性。

得分	评卷人	复查人

四、论述题(本大题共 2 小题,每小题 12 分,共 24 分)

37.论述马基雅维利的管理思想。
38.论述韦伯的理想官僚组织模式。

♛ 参考答案及评析

一、单项选择题
1.A 2.C 3.D 4.D 5.A 6.C 7.A 8.B 9.C 10.D 11.B 12.D 13.A 14.B 15.D 16.D 17.A 18.C 19.D 20.D

二、多项选择题
21.ABCD 22.ACD 23.ABCDE 24.ABCDE 25.ABCD 26.BCDE 27.AC 28.ACDE 29.ACDE 30.ABCDE

三、简答题

31.答:人文主义的核心是肯定人,注重人性,要求把人、人性从宗教束缚中解放出来。这种人文主义思想,主要是反对神学中抬高神而贬低人的观点,肯定人的价值,强调人的可贵,追求人的个性解放和自由平等,推崇人的经验和理性,提倡认识自然、造福人生。

32.答:科学管理理论,把以下科学假设作为前提:第一,当时,劳资矛盾日益尖锐的主要原因是社会资源没有得到充分的利用,而如果能通过科学管理将社会资源进行充分利用,则劳资双方都会得到利益,这些矛盾就可以解决。第二,从工人方面来说,其基本的假设是"经济人",人最为关心的是如何提高自己的货币收入,或者说只要能使人得到经济利益,他愿意配合管理者挖掘出他自身最大的潜能。第三,单个人是可以取得最大效率的,集体的行为反而导致效率下降,科学管理是使单个人效率提高的有效方法。

33.答:马斯洛把人的各种需要归纳为五大类,这五大类需要是互相作用的,按其重要性和发生的先后次序,可排成一个需要的等级图。第一级:生理上的需要;第二级:安全上的需要;第三级:感情和归属上的需要;第四级:地位或受人尊重的需要;第五级:自我实现的需要,这是最高一级的需要,指一个人需要做他最适宜的工作,发挥他最大的潜力,实现理想,并能不断地自我创造和发展。

34.(1)强调系统化;(2)重视人的因素;(3)重视"非正式"组织的作用;(4)广泛地运用先进的管理理论和方法,这样有利于管理水平的提高;(5)加强信息工作;(6)把"效率"和"效果"结合起来;(7)重视理论联系实际;(8)强调"预见"能力;(9)强调不断创新;(10)强调权利集中。

35.答:目标管理的先决条件有如下几项:第一,高层管理人员的参加;第二,下级人员必须积极参加目标的制订和实现;第三,有充分的情报资料;第四,对实现目标手段有控制权;第五,对由于实行目标管理而带来的风险要予以刺激;第六,对员工要有信心。

36.答:(1)全球经济一体化。随着全球经济一体化趋势不断加强,东西方管理文化和管理思想不断融合。(2)东亚经济的崛起。随着东亚经济的崛起,当今社会世界经济中心开始转移到亚洲。(3)科技革命的推动。科学技术发展的水平也达到了前所未有的高度:信息产业加速了人与人之间、企业与企业之间、国内与国外之间的联系,极大地提高了人们的工作效率。(4)可持续发展观的呼唤。可持续发展观要求对资源、环境等进行高效、合理利用的同时,对其进行合理的重建。这一观点已经成为全世界的共识。

四、论述题

37.答:马基雅维利被称为"政治学之父"。他主张结束当时意大利的政治分裂,建立一个统一而强大的君主国。他提出的与管理有关的原则:

(1)必须依靠群众的同意。马基雅维利经常重申这样的观点,所有的政府,不论是君主制、贵族制或民主制的,其持续存在都依赖于群众的支持。君主可能通过武力或继承而登上王位,但要牢固地控制国家,还必须得到群众的支持。他的这种主张事实上是权力接受论,即权力的根源是自下而上的,而不是自上而下的。他还指出,如果一位君王既可以通过贵族获得权力也可以通过人民获得权力,那他就应该明确地选择后者。

（2）组织要有内聚力。马基雅维利认为,组织中内聚性的原则也在于能使国家持续存在。一个君主能维持组织统一的最有效的方法就是紧紧地抓住自己的朋友。组织内聚力的一个关键因素是使人民确实知道他们可以指望自己的君主,以及君主期望于他们的是什么——责任明确性原则。一个君主如果没有法律而只有多变的政策,很快就会使整个国家陷入混乱。

（3）领导要有领导技艺。马基雅维利认为,一个领导者应该成为人民的榜样并鼓舞他的人民从事伟大的事业。要注意所有的集团,时时同他们打成一片,以自己的博爱和仁慈为他们树立榜样,但始终要维持他的尊严,在任何事情上都不能丧失。应该奖赏那些有益于城市和国家的人,保证他的公民不至于不公平地被剥夺自己的物品,以此来鼓励他们从事自己的职业和使命。要善于对事件和人民进行观察,识别忠诚于他的贵族和只是追求自己利益的贵族。他必须能够认识这两种人并使他们有利于自己。当机会来到时,要善于利用,但并不是以一种欺诈的方式。

（4）领导者一定要有使组织存在下去的意志。马基雅维利认为,任何组织的主要目标之一是使自己存在下去。政府机构、宗教团体、公司等,全都努力使自己永远存在下去。因而他提出这样的建议,一个君主应该像罗马人那样经常警惕着混乱状态,以便及时予以扑灭。当他的王国处于存亡关头时,君王有权采取严酷的措施。在必要时,抛开所有道德上的借口,背弃任何已不再有用的誓言。马基雅维利所提出的管理原则是为了君王能够成功地管理一个国家,但同样也适用于管理其他组织,因此对以后的管理思想发展有相当大的影响。

38.答:韦伯的理想官僚组织模式具有下列特征:

（1）组织中的人员应有固定和正式的职责并依法行使职权。组织是根据合法程序制订的,应有其明确目标,并靠着这一套完整的法规制度,组织与规范成员的行为,以期有效地追求与达到组织的目标。

(2)组织的结构是一层层控制的体系。在组织内,按照地位的高低规定成员间命令与服从的关系。

(3)人与工作的关系。成员间的关系只有对事的关系而无对人的关系。

(4)成员的选用与保障。每一职位根据其资格限制(资历或学历),按自由契约原则,经公开考试合格予以使用,务求人尽其才。

(5)专业分工与技术训练。对成员进行合理分工并明确每人的工作范围及权责,然后通过技术培训来提高工作效率。

(6)成员的工资及升迁。按职位支付薪金,并建立奖惩与升迁制度,使成员安心工作,培养其事业心。

韦伯对理想的官僚组织模式的描绘,为行政组织指明了一条制度化的组织准则,这是他在管理思想上的最大贡献。

作为韦伯组织理论的基础,官僚制在 19 世纪已盛行于欧洲。韦伯从事实出发,把人类行为规律性地服从于一套规则作为社会学分析的基础。他认为一套支配行为的特殊规则的存在,是组织概念的本质所在。没有它们,将无从判断组织性行为。这些规则对行政人员的作用是双重的:一方面他们自己的行为受其制约,另一方面他们有责任监督其他成员服从于这些规则。韦伯理论的主要创新之处来源于他对有关官僚制效率争论的忽略,而把目光投向其准确性、连续性、纪律性、严整性与可靠性。韦伯这种强调规则、强调能力、强调知识的行政组织理论为社会发展提供了一种高效率、合乎理性的管理体制。现在管理理论中普遍采用的高、中、低三层次管理就是源于他的理论。行政组织化是人类社会不可避免的进程,韦伯的理想行政组织体系自出现以来得到了广泛的应用,它已经成为各类社会组织的主要形式。韦伯的行政组织理论虽然不是管理思想的全新开创,只是社会实践的理论总结,但认同其思想对现代组织行为具有现实指导意义。

管理思想史全真模拟试卷(三)

（课程代码　　　）

本试卷满分100分,考试时间150分钟。

总　分	题号	一	二	三	四
核分人	题分	20	20	36	24
复查人	得分				

得分	评卷人	复查人

一、单项选择题(本大题共20小题,每小题1分,共20分)在每小题列出的四个备选项中只有一个是符合题目要求的,请将其代码填写在题后的括号内。错选、多选或未选均无分。

1.(　　)的"道法自然"思想,接近于发现自然界存在着不受任何神力主宰的客观规律。
　　A.孔子　　　　B.孟子　　　　C.老子　　　　D.孙子
2."无为而治"管理思想的提出者是(　　)。
　　A.孔子　　　　B.孟子　　　　C.老子　　　　D.管子
3.下列通过国家范围的分工体现其管理思想的是(　　)。
　　A.苏格拉底　　B.柏拉图　　　C.色诺芬　　　D.亚里士多德
4.托马斯·阿奎那是中世纪神学家和经院哲学家,出生于意大利的贵族家庭。他被中世纪奉为(　　)。
　　A."哲学之父"　　　　　　　　B."神学之父"
　　C."动作研究之父"　　　　　　D."科学管理之父"
5.亨利·汤在著名论文《利益分享》中提出了一种激励职工的(　　)。
　　A.收益分享制度　　　　　　　B.新控制制度

C.劳动报酬的奖金方案　　　D.公平分配制度

6.管理思想史上,素有"科学管理之父"之称的是(　　)。
　　A.法约尔　　B.泰勒　　C.厄维克　　D.密尔
7.福特制是指由福特首创的一套(　　)。
　　A.差别计件工资制　　　　B.生产和管理制度
　　C.激励性的报酬制度　　　D.标准化管理
8.(　　)的最大贡献是以哲学思考的方式指出管理是一门专门的职业,并推演出一整套管理的指导原则。
　　A.亨利·福特　　　　　　B.玛丽·福莱特
　　C.亚历山大·邱奇　　　　D.奥利弗·谢尔登
9.法约尔认为,企业无论大小,简单还是复杂,其全部活动都可以概括为(　　)。
　　A.5种　　B.6种　　C.7种　　D.14种
10.马克斯·韦伯与卡尔·马克思和(　　)并列为现代社会学的三大奠基人。
　　A.孔德　　　　　　　　　B.松巴特
　　C.艾米尔·杜尔凯姆　　　D.巴斯
11.美国的行为科学家(　　)在1965年出版的《组织心理学》中对人性进行了归类并提出了四种人性假设。
　　A.乔治·梅奥　　　　　　B.霍桑
　　C.道格拉斯·麦格雷戈　　D.埃德加·沙因
12."人们最期望领导能承认并能满足他们的社会需要。"这是有关人类特性的假设中(　　)的内容。
　　A.经济人假设　　　　　　B.复杂人假设
　　C.社会人假设　　　　　　D.自我实现人假设
13.在管理方格图中,9.1型表示的是(　　)。
　　A.贫乏型管理　　　　　　B.任务型管理
　　C.俱乐部型管理　　　　　D.理想型管理
14.1961年哈罗德·孔茨把当时西方的管理学派分为(　　)个学派。

A.4　　　　B.6　　　　C.8　　　　D.11
15.管理学者一般认为( )是管理过程学派的创始人。
　　A.孔茨　　B.巴纳德　　C.法约尔　　D.西蒙
16.现代管理理论中,社会系统学派的创始人是( )。
　　A.拉斯韦尔　　　　　　B.切斯特·巴纳德
　　C.德洛尔　　　　　　　D.林德布洛姆
17.切斯特·巴纳德最有代表性的著作是( )。
　　A.《组织实践中的业务原则》　B.《经理人员的能力培养》
　　C.《经理人员的职能》　　　　D.《伦理和现代组织》
18.根据权变主义理论的控制论中的大量研究经验证明,领导者与成员关系的权数为( )。
　　A.4　　　　B.5　　　　C.6　　　　D.7
19.企业再造理论是由( )提出的。
　　A.伯恩斯和斯托克　　　　B.赫伯特·西蒙和马奇
　　C.迈克·哈默和詹姆斯·钱皮　D.哈罗德·孔茨和奥唐奈
20.根据核心能力分工原则,企业只经营其核心能力擅长的业务,把边沿业务外包,形成劳动的社会化大分工。企业快速形成,一旦使用完成立即解体,这种模式称为( )。
　　A.大规模定制　B.时间竞争　C.归核化　　D.虚拟组织

得分	评卷人	复查人

二、多项选择题(本大题共 10 小题,每小题 2 分,共 20 分)在每小题列出的五个备选项中至少有两个是符合题目要求的。请将其代码填写在题后的括号内。错选、多选、少选或未选均无分。

21.《孙子兵法》一书的管理价值主要体现在包含了( )。
　　A.战略管理　　B.信息管理　　C.人才管理
　　D.权变管理　　E.军事管理
22.关于大卫·李嘉图,下列表述正确的有( )。

A.他是19世纪初英国资产阶级经济学家的杰出代表

B.在资本和管理技术的关系上提出所谓的"工资规律"

C.提出了关于经济人的"群氓"假设

D.主张用绝对、集中的权力进行管理

E.首次提出经济人观点

23.泰勒所进行的科学管理实验所依据的两个基本原理是(　　)。

A.动作研究原理　　B.作业研究原理　　C.疲劳研究原理

D.时间研究原理　　E.程序研究原理

24.关于马克思·韦伯理想的行政集权组织的特点表述正确的有
(　　)。

A.任何机构组织都有明确的目标

B.组织目标的实现必须实行劳动分工

C.按等级制度形成一个指挥链

D.人员关系非人格化

E.人事管理科学合理

25.许多行为科学家对行为科学做了更细致深入的研究,从"理性经济人"假设发展到(　　)和"复杂人"假设等,研究的内容更为广泛。

A.经济人　　　　B.社会人　　　　C.理性人

D.自我现实人　　E.决策人

26.布莱克和默顿的管理方格理论从对事的关心与对人的关心两个角度将领导方式划分为(　　)。

A.贫乏型管理　　B.任务型管理　　C.俱乐部式管理

D.中间型管理　　E.理想型管理

27."新三论"是指(　　)。

A.系统论　　　　B.耗散结构论　　C.协同论

D.突变论　　　　E.控制论

28.根据哈罗德·孔茨职能管理思想的理解,他把管理工作分为
(　　)职能。

A.计划　　　　　B.组织　　　　　C.人事

D. 领导　　　　　　　E. 控制

29. 日本企业文化的精神支柱是(　　)。
   A. 儒家文化　　　　B. 民族特性　　　　C. 企业工会制
   D. 年功序列制　　　E. 终身雇佣制

30. 约翰·科特认为领导者应该具备的"四要素"是(　　)。
   A. 精神和动力　　　B. 智力和智能　　　C. 正直
   D. 精神和心理健康　E. 谦虚

得分	评卷人	复查人

三、简答题(本大题共 6 小题,每小题 6 分,共 36 分)

31. 简述查尔斯·巴比奇的管理思想。
32. 根据法约尔的观点,说明统一领导和统一指挥的区别。
33. 简述人际关系学说的主要观点。
34. 简述数量管理科学学派的管理思想。
35. 简述彼得斯的管理八原则和管理哲学。
36. 人情化管理包括哪几方面的内容?

得分	评卷人	复查人

四、论述题(本大题共 2 小题,每小题 12 分,共 24 分)

37. 如何评价古典管理理论。
38. 论述管理方格论的内涵及现实意义。

♛ 参考答案及评析

一、单项选择题
　　1.C　2.C　3.B　4.D　5.A　6.B　7.D　8.D　9.B　10.C　11.D
12.C　13.D　14.B　15.C　16.B　17.D　18.A　19.C　20.D

二、多项选择题

21.ABCD 22.ABCD 23.BD 24.ABCDE 25.BD 26.ABCDE 27.BCD 28.ABCDE 29.CDE 30.ABCD

三、简答题

31.答:查尔斯·巴比奇的管理思想可以归纳为以下几个方面:

(1)巴比奇制订了一种"观察制造业的方法",这与对作业的科学而系统的研究方法很类似。

(2)他进一步发展了亚当·斯密关于劳动分工的思想,分析了分工能提高效率的原因,即:节省了学习所需要的时间;节省了学习中所耗费的材料;节省了一道工序转变到另一道工序所耗费的时间,肌肉得到了锻炼就更不容易疲劳;节省了改变工具所耗费的时间;由于经常重复同一操作,技术熟练工人工作速度加快;促进了工具和机器的改进,从而提高了劳动生产率。他还指出脑力劳动和体力劳动一样可以进行劳动分工。

(3)在劳资关系方面,巴比奇是工厂制度的保护者,强调工人要认识到工厂制度对他们有利的地方,提出了一种固定工资和利润分享的制度。

巴比奇在对制造业的研究中采取了科学分析的方法,认识到为争取工人的合作必须提供新的刺激,他努力寻求在管理人员和工人之间建立新的和谐关系,所有这些使他在管理方面成为一个具有远见卓识的人。

32.答:统一指挥:是一条基本的原则,指一个下属人员只应接受一个领导人的命令。统一领导:只能有一个领导人和一项计划,这是统一行动,协调组织中一切力量和努力的必要条件。统一领导和统一指挥的区别在于:人们通过统一领导来完善组织,而通过统一指挥来发挥人员的作用,没有统一领导,就不可能有统一指挥,但是有统一的领导,也不足以保证统一的指挥。

33.答:梅奥和缪斯特伯格所建立的人际关系学说,提出了与当时流行的泰勒科学管理思想不同的一些新观点:(1)职工是社会人。(2)企业中存在非正式组织。所谓非正式组织,是指为了有效地实现企业目标,依据企业成员的职位、责任、权力及其相互关系进行明确划分而形成的组织体系。(3)新型的领导能力在于提高职工的满足程度。

34.答:数量管理科学学派的管理思想:(1)从系统观点出发研究各种功能关系;(2)应用多种学科交叉配合的方法;(3)应用模型化和定量化来解决问题;(4)随着情况变化而修改模型,求出新的最优解,通过模型来解决问题,通常对问题有着较为深入的了解。

35.答:彼得斯的管理八条原则:(1)看准就干,行动果断,以求发展;(2)接近顾客;(3)自主创业;(4)以人促产;(5)深入基层;(6)专心搞本行;(7)精兵简政;(8)张弛互济。

彼得斯的管理哲学:(1)人们需要有意义的生活;(2)人们需要受一定的控制;(3)人们需要受到鼓励和表扬;(4)人们的行动和行为在一定程度上形成态度和信念,而不是态度和信念形成行动和行为。

36.答:(1)情感化管理;(2)民主化管理;(3)自我管理;(4)能人管理;(5)文化管理。

四、论述题

37.答:古典管理理论的缺点:(1)对人性的研究没有深入进行,对人性的探索仅仅停留在经济人的范畴之内;(2)仅仅把管理的对象看做是一个客观存在,没有把管理对象上升到系统加以认识;(3)着重点是放在管理客观存在的内部,企业的经营管理主要研究的是人和市场,而这两点都是古典管理理论没有进行研究的;(4)对企业发展考虑得非常少。

古典管理理论的历史贡献:(1)是现代管理理论的基础;(2)对今天的企业管理仍然有着巨大的指导作用;(3)适应于其相应的生产力水平;(4)古典并不意味着过时,它为现代管理理论提供了必要的基础,而且还在为现代企业管理方法上提供指导师,应该说是不朽的。

38.答:美国行为科学家布莱克等人1964年指出,企业中的领导方式,存在着"对人的关心"和"对生产的关心"两种不同的结合。他们提出的管理方格法:横坐标表示领导对生产的关心程度,纵坐标表示领导对人的关心程度。图中共有81个小方格,代表着81

种"对生产的关心"和"对人的关心"这两个基本因素以不同的比例相结合的领导方式。

在"9.1"管理方式中,重点放在对工作和作业的要求上,不大注意人的因素,管理人员的权力很大,负责计划、指挥和控制下属的活动,以便实现企业的生产目标。这可以叫做"任务型管理方式"。

在"1.1"管理方式中,对人和对生产两个因素都很少关心,因而必然导致失败。这是很少见的一种极端情况。这可以叫做"贫乏型管理方式"。

在"1.9"管理方式中,强调的是满足人的需要,认为只要职工心情舒畅,生产一定能搞好,而对指挥监督、规章制度等重视不够。这可以叫做"乡村俱乐部式管理方式"。

在"5.5"管理方式中,承认管理人员在计划、指挥和控制上的职责,但它主要是通过引导、鼓励而不是通过命令来实现的。这种管理方式既不过于偏重人的因素,又不过于偏重生产的因素,但缺乏革新精神,职工的创造性得不到充分发挥,在激烈的竞争中难免会失败。这可以叫做"中间型管理方式"。

"9.9"管理方式表明在"对生产的关心"和"对人的关心"这两个因素之间并没有必然的冲突。这种管理方式能使组织的目标和个人的需要最理想、最有效地结合起来。它要求创造出这样一种工作条件,使得职工了解问题,关心工作的成果。这样,当职工了解了组织的目的,并认真关心其成果时,他们就会自我指挥和自我控制,而无需用命令形式对他们进行指挥和控制了。这可以叫做"战斗集体型管理方式"。

这种管理方法可用来培训管理人员。企业的领导者应该客观地分析企业内外的各种情况,努力把自己的领导方式改造成为"9.9"的战斗集体型管理方式,以求得最高的效率。

附录二 管理思想史历年考试真题

2013年4月高等教育自学考试

管理思想史 试题卷(A)

(课程代码 06088)

本试题卷分为两部分,共××页,满分100分,考试时间150分钟。

第一部分为客观题,第×页至第×页。应考者必须在答题卷上按要求填涂,不能答在试题卷上。

第二部分为主观题,第×页至第××页。应考者必须在答题卷上按要求答题,不能答在试题卷上。

第一部分 客观题(共40分)

一、单项选择题(本大题共20小题,每小题1分,共20分)

在每小题列出的四个备选项中只有一个是最符合题目要求的,请将其选出并在答题卷上将相应代码涂黑。错涂、多涂或未涂均无分。

1.对于亨利·福特的评价,下列描述中正确的是 【 】
  A.大规模生产的第一位倡导者
  B.新型"效率工程师"的代表人物
  C.生产计划进度图的发明者
  D."科学管理之父"

2.工业心理学作为管理学的一个重要组成部分,其地位被牢固树立起来,是在 【 】
  A.1880年左右   B.1900年左右
  C.1920年左右   D.1940年左右

3.古希腊最出色的改革家和思想家提出了有关管理思想,他们是:苏

格拉底、色诺芬、亚里士多德和 【 】
A.贾图　　　B.瓦罗　　　C.阿奎那　　D.柏拉图

4.首先意识到现代企业的某些性质,首创性地采取类似现代股份制公司的形式,向公众出售股票的是 【 】
A.古希腊　　B.古罗马　　C.日耳曼　　D.中世纪的英国

5.彼得斯在分析美国的许多大小企业之后,提出了成功的公司必须遵循的八条原则。下列原则中属于其中八条原则之一的是 【 】
A.授权原则　　　　　　B.便于领导原则
C.以人促产原则　　　　D.统一指挥原则

6.以下战略中,不属于波特所提出的三种基本竞争战略的是 【 】
A.成本领先战略　　　　B.标新立异战略
C.多元化战略　　　　　D.目标集聚战略

7.巴纳德最早提出了协作系统的概念,他指出管理的职能在于 【 】
A.保持组织同外部的平衡　　B.保持组织同内部的平衡
C.保持组织同外部环境的平衡　D.保持组织同内部环境的平衡

8.在马斯洛的人类需要层次论中,作为人类最基本的也是推动力最强大的需要是 【 】
A.生理需要　　　　　　B.安全需要
C.感情和归属需要　　　D.自我实现的需要

9.以下人物中,不属于管理职能学派的是 【 】
A.詹姆斯·穆尼　　　　B.威廉·纽曼
C.哈罗德·孔茨　　　　D.弗里蒙特·卡斯特

10.经验主义学派认为,按组织设计所依据的准则来划分,职能制结构和矩阵的组织设计围绕的中心是 【 】
A.工作和任务　B.成果　　C.关系　　D.权力

11.在知识经济时代,在金字塔形企业组织结构中,最上层的是 【 】
A.企业总裁　B.员工　　C.供应商　　D.用户和顾客

12.色诺芬认为,检验管理水平高低的标准是 【 】
A.生产规划是否得到扩大　　B.成本是否得到降低
C.财富是否得到增加　　　　D.利润是否得到提高

13. 下列属于领导行为的研究的是 【   】
    A. 阿希的群体压力——规范理论
    B. 麦克利兰的成就需要论
    C. 坦南鲍姆等人提出的连续统一体理论
    D. 勒温的群体动力学理论
14. 最早运用权变思想来研究管理的是 【   】
    A. 伯恩斯和斯托克   B. 劳伦斯和伍德沃德
    C. 西蒙和马奇   D. 孔茨和奥唐奈
15. 经理主义学派又称为 【   】
    A. 经理角色学派   B. 经验主义学派
    C. 计算机管理学派 D. 系统管理学派
16. 下述观点和内容属于戴明提出的是 【   】
    A. PDCA 循环   B. 五项修炼
    C. 企业再造   D. 五种竞争力
17. 下列选项中,不属于"朱兰三部曲"的是 【   】
    A. 质量计划   B. 质量意识   C. 质量控制   D. 质量改进
18. "构成企业竞争能力和竞争优势基础的多方面技能、互补性资源和运行机制的有机融合,是识别和提供竞争优势的知识体系",指的是企业的 【   】
    A. 战略规划   B. 核心能力   C. 质量管理   D. 经验曲线
19. 沙因认为,解释组织文化的生成过程要综合使用群体力学理论、领导理论和 【   】
    A. 学习理论   B. Z 理论   C. X 理论   D. 进化理论
20. 根据权变理论,在领导情境系统中,最重要的是 【   】
    A. 职位权力   B. 任务的结构性
    C. 领导者与成员的关系 D. 领导者个性

二、多项选择题(本大题共10小题,每小题2分,共20分)

在每小题列出的五个备选项中至少有两个是符合题目要求的,请将其选出并在答题卷上将相应代码涂黑。错涂、多涂、少涂或未涂均无分。

21.下列关于马基雅维利管理思想的表述正确的有 【   】
  A."权力欲望"和"财富欲望"是人性的基础
  B.人民在国家生活中有重要作用
  C.领导者要比狮子更勇敢,比狐狸更狡猾
  D.用民主的方式选举官吏,治理国家
  E.整个社会经济按照一定统一原则进行管理

22.资本主义精神的主要内涵有 【   】
  A.新教伦理   B.制定伦理
  C.个人自由的伦理   D.个体伦理
  E.市场伦理

23.20世纪80年代后,世界格局动荡不安主要体现在 【   】
  A.价值观的西化,强调个性   B.传统文化与外来文化的融合
  C.科技生产力成为共识   D.竞争条件下生产要素分化、重组
  E.出现大规模的经济危机

24.埃德加·沙因在其《组织心理学》一书中对人性进行的假设有 【   】
  A.理性经济人假设   B.社会人假设
  C.管理人假设   D.自我实现人假设
  E.复杂人假设

25.关于大卫·李嘉图,下列表述正确的有 【   】
  A.他是19世纪初英国资产阶级经济学家的杰出代表
  B.在资本和管理技术的关系上提出所谓的"工资规律"
  C.提出了关于经济人的"群氓"假设
  D.主张用绝对、集中的权力进行管理
  E.首次提出经济人观点

26.欧洲著名的管理学家法约尔所论述的管理要素包括　　　【　　】
　　A.计划　　B.组织　　C.指挥　　D.协调　　E.控制

27.下列表述中属于古典理论历史贡献的有　　　【　　】
　　A.古典管理理论是现代管理理论的基础
　　B.对如今的企业管理有巨大的指导作用
　　C.古典管理理论适应了当时的生产力发展水平
　　D.在提高产量、提高生产和工作效率方面具有不可替代的作用
　　E.古典管理理论是当时生产力发展的产物

28.系统管理的特点是　　　【　　】
　　A.以目标为中心　　　　B.以任务为中心
　　C.以责任为中心　　　　D.以人为中心
　　E.以整个系统为中心

29.经理的信息方面的角色包括　　　【　　】
　　A.联络者　　　　　　　B.信息接受者
　　C.信息传递者　　　　　D.发言人
　　E.谈判者

30.企业文化学派的代表人物有　　　【　　】
　　A.威廉·大内　　　　　B.迪尔·肯尼迪
　　C.彼得·圣吉　　　　　D.约翰·科特
　　E.埃德加·沙因

第二部分　主观题(共60分)

三、填空题(本大题共5空,每空2分,共10分)

31.被称为管理第一夫人,且作为管理心理学的先驱者的人是(　　)。

32.弗鲁姆的期望理论公式表示为 $M = V \times E$,其中 V 表示(　　)。

33.泰勒的科学管理原理即人性假设是(　　)。

34.巴纳德认为(　　)是两个或两个以上的人有意识协调活动和效力的系统。

35.经验学派的创始人是( )。

四、名词解释题(本大题共 5 小题,每小题 3 分,共 15 分)

36.马斯洛需要层次理论

37.目标管理

38.麦克米兰的成就需要理论

39.哈罗德·孔茨的职能管理

40.核心能力

五、简答题(本大题共 5 小题,每小题 5 分,共 25 分)

41.简述亚当·斯密的管理思想内容。

42.经理角色学派管理思想中对经理基本目标的规定有哪些?

43.简述现代管理的丛林产生的深层原因。

44.简述彼得斯的管理八原则和管理哲学。

45.古典管理理论的缺点有哪些?

六、论述题(本大题共 1 小题,该小题 10 分,共 10 分)

46.比较 A 型组织和 Z 型组织的特点与不同。

2013 年 4 月高等教育自学考试

管理思想史试题答案及评分参考(A)

(课程代码 06088)

一、单项选择题(本大题共 20 小题,每小题 1 分,共 20 分)

1. A 2.C 3. D 4.B 5.C 6. C 7.C 8. A 9.D 10.A 11.D 12.C 13.C 14.A 15.B 16.A 17.B 18.B 19.A 20.C

二、多项选择题(本大题共 10 小题,每小题 2 分,共 20 分)

21.ABC 22.ACE 23.ABCD 24.ABDE 25.ABCD 26.ABCDE 27.ABCDE 28.ACDE 29.BCD 30.ABE

三、填空题(本大题共 5 小题,每小题 2 分,共 10 分)

31. 莉莲·吉尔布雷斯

32. 效价

33. 经济人

34. 组织

35. 明茨伯格

四、名词解释题(本大题共 5 小题,每小题 5 分,共 15 分)

【评分参考】(1)考生作答所用词语、句式、前后顺序与答案不同,只要意思正确,就应给分。

(2)考生要点回答不完整,也应酌情给分。

36. 马斯洛把人的各种需要归纳为五大类,这五大类需要是互相作用的,按其重要性和发生的先后次序,可排成一个需要的等级图。(1分)第一级:生理上的需要。第二级:安全上的需要;第三级:感情和归属上的需要;第四级:地位或受人尊重的需要;第五级:自我实现的需要,这是最高一级的需要,指一个人需要做他最适宜的工作,发挥他最大的潜力,实现理想,并能不断地自我创造和发展(2分,回答三个层次给1分,五个给2分)。

37. 目标管理是使管理人员和广大职工(1分)在工作中实行自我控制并达到工作目标(1分)的一种管理技能和管理制度(1分)。

38. 麦克米兰对三类需要作了相当多的研究和测试:(1)对权力的需要(1分);(2)对社会交往的需要(1分);(3)对成就的需要(1分)。

39. 哈罗德·孔茨把管理揭示为通过别人使事情做成的各项职能(1分)。强调管理的概念、理论、原则和方法,认为管理工作是一种艺术,其基本原理和方法可以应用于任何一种现实情况(1分)。管理的各项职能,应划分为计划(是五种管理职能中最基本的,其他四种管理职能都必须反映计划职能的要求)、组织、人事、指挥和控制五项(1分)。

40. 核心能力是构成企业竞争能力和竞争优势基础的多方面功

能技能、互补性资源和运行机制的有机融合(2分),是识别和提供竞争优势的知识体系(1分)。

五、简答题(本大题共5小题,每小题5分,共25分)

【评分参考】(1)考生作答所用词语、句式、前后顺序与答案不同,只要意思正确,就应给分。

(2)考生要点回答不完整,也应酌情给分。

41.亚当·斯密的经济思想的中心是自由市场经济(1分),他的著作中涉及许多现代管理的核心问题。

(1)分工问题,强调分工带来的经济利益,劳动是国民财富的源泉,而提高劳动者的素质是国民财富增长的根本(1分);

(2)控制职能(1分);

(3)计算投资还本问题(1分);

(4)经济人的观点,经济现象是具有利己主义的人们活动所产生的(1分)。

42.经理的六项基本目标:

(1)主要的目标是保证组织实现其基本目标(1分);

(2)必须设计和维持他的自治业务的稳定性(1分);

(3)必须负责组织的战略决策系统,并使组织以一种可控制的方式适应于变动的环境(1分);

(4)必须保证组织为那些对组织有影响的人服务(1分);

(5)必须在组织同环境之间建立起关键信息联系;

(6)负责他所在组织的等级制度运行(1分)。

43.生产力和科学技术的高度发展起着重要的作用,如以下几点。

(1)生产力导致生产方式变化,促进管理思想的发展(1分);

(2)宏观经济的调节作用,推动管理思想的发展(1分);

(3)受教育程度的提高深化了对人的认识(1分);

(4)日益激烈的市场竞争环境强化了市场观念,导致内外协调的管理思想的产生(1分);

(5)自然科学思想对管理科学的渗透,导致了以系统科学为理论基础的管理思想的产生(1分)。

44.彼得斯的管理八条原则:(1)看准就干,行动果断,以求发展;(2)接近顾客;(3)自主创业;(4)以人促产;(5)深入基层;(6)专心搞本行;(7)精兵简政;(8)张弛互济。(每两点1分,合计4分)

彼得斯的管理哲学:(1)人们需要有意义的生活;(2)人们需要受一定的控制;(3)人们需要受到鼓励和表扬;(4)人们的行动和行为在一定程度上形成态度和信念,而不是态度和信念形成行动和行为(1分)。

45.(1)对人性的研究没有深入进行,对人性的探索仅仅停留在经济人的范畴之内(1分);

(2)仅仅把管理的对象看做是一个客观存在,没有把管理对象上升到系统加以认识(1分);

(3)着重点是放在管理客观存在的内部,企业的经营管理主要研究的是人和市场,而这两点都是古典管理理论没有进行研究的(2分);

(4)对企业发展考虑得非常少(1分)。

六、论述题(本大题共1小题,该小题10分,共10分)

【评分参考】(1)考生作答所用词语、句式、前后顺序与答案不同,只要意思正确,就应给分。

(2)考生要点回答不完整,但所回答要点论述较好,可根据具体情况,适当加分,但每小题得分不得超过该题满分。

(3)考生作答与答案要点意思不一致,只要言之成理,可酌情给分,但每小题得分不得超过该题满分。

46.(1)大内提出,他主张以坦白、开放和沟通作为基本的原则来实行民主管理。他把领导个人决策和员工处于被动服从地位的企业称为A型组织(2分)。

(2)Z型组织的特点有以下几点。

①实行长期或终身雇佣制,使员工与企业同甘苦、共命运(1分);

②对员工实行长期考核和逐步提升的制度(1分);

③培养适应各种工作环境的多专多能的人才(1分);

④合理过程既运用统计报表、数字信息等清晰鲜明的控制手段,又注重对人的经验和潜能进行细致而积极的启发诱导(1分);

⑤采取集体研究与个人负责相结合的决策方式(1分);

⑥树立牢固的整体观念,员工之间平等对待,每个人对事物均可作出判断,并能独立工作,以自我指挥代替等级指挥(1分)。

(3)简要论述差异,言之有理即可(2分)。

2013年4月高等教育自学考试

管理思想史　试题卷(B)

（课程代码 06088）

本试题卷分为两部分，共××页，满分100分，考试时间150分钟。
第一部分为客观题，第×页至第×页。应考者必须在答题卷上按要求填涂，不能答在试题卷上。
第二部分为主观题，第×页至第××页。应考者必须在答题卷上按要求答题，不能答在试题卷上。

第一部分　客观题（共40分）

一、单项选择题（本大题共20小题，每小题1分，共20分）
　　在每小题列出的四个备选项中只有一个是最符合题目要求的，请将其选出并在答题卷上将相应代码涂黑。错涂、多涂或未涂均无分。

1. 历史上首先意识到"管理跨度"的实践者是　　　　【　】
　A.古埃及人　　B.古希腊人　　C.古巴比伦人　　D.古罗马人
2. 关于领导者素质的名言——"我们要比狮子还勇敢，比狐狸还狡猾"的提出者是　　　　【　】
　A.马斯·阿奎那　　　　　　B.托马斯·莫尔
　C.汉密尔顿　　　　　　　　D.马基雅维利
3. 英国古典经济学体系的建立者亚当·斯密其最主要的代表作是　　　　【　】
　A.《国富论》　B.《理想国》　C.《利维坦》　D.《政治学》
4. 下列提出著名的管理思想——"人是环境的产物"的是　　　　【　】
　A.安德鲁·尤尔　　　　　　B.查尔斯·杜平
　C.查斯·巴尔奇　　　　　　D.罗伯特·欧文
5. 管理思想史上，素有"科学管理之父"之称的是　　　　【　】
　A.法约尔　　B.泰勒　　C.厄威克　　D.密尔

6.行为科学产生于 【 】
   A.19世纪30年代　　　　B.19世纪80年代
   C.20世纪20～30年代　　D.20世纪40年代
7.按照赫茨伯格激励—保健因素的理解,下列属于激励因素的是
 【 】
   A.金钱　　B.地位　　C.工作环境　　D.成就
8.最早运用权变思想来研究管理问题的是 【 】
   A.伯恩斯和斯托克　　　B.劳伦斯和伍德沃德
   C.西蒙和马奇　　　　　D.孔茨和奥唐奈
9.经理主义学派又称为 【 】
   A.经理角色学派　　　　B.经验主义学派
   C.计算机管理学派　　　D.系统管理学派
10.下述观点和内容属于戴明提出的是 【 】
   A.PDCA循环　　　　　B.五项修炼
   C.企业再造　　　　　　D.五种竞争力
11.下列选项中,不属于"朱兰三部曲"的是 【 】
   A.质量计划　　B.质量意识　　C.质量控制　　D.质量改进
12."构成企业竞争能力和竞争优势基础的多方面技能、互补性资源和运行机制的有机融合,是识别和提供竞争优势的知识体系",指的是企业的 【 】
   A.战略规划　　B.核心能力　　C.质量管理　　D.经验曲线
13.赫伯特·西蒙所代表的现代管理理论学派是 【 】
   A.经验主义学派　　　　B.社会系统学派
   C.系统管理学派　　　　D.决策理论学派
14.最早把帕雷托引入质量管理的是 【 】
   A.威廉·戴明　　　　　B.欧内斯特·戴尔
   C.约瑟夫·朱兰　　　　D.彼德·德鲁克
15.下列属于领导行为的研究的是 【 】
   A.阿希的群体压力—规范理论
   B.麦克利兰的成就需要论

C.坦南鲍姆等人提出的连续统一体理论
D.勒温的群体动力学理论

16.最早运用权变思想来研究管理的是 【　】
A.伯恩斯和斯托克　　　　B.劳伦斯和伍德沃德
C.西蒙和马奇　　　　　　D.孔茨和奥唐奈

17.企业共同价值观、企业精神、企业风俗习惯、企业道德规范等企业的纯精神、纯观念的因素也可称作 【　】
A.隐性文化　　　　　　　B.显性文化
C.半显性文化　　　　　　D.半隐性文化

18.美国行为科学家麦克利兰认为人有三类基本激励需要:对权力的需要、对社交的需要以及 【　】
A.对安全的需要　　　　　B.对自我实现的需要
C.对关系的需要　　　　　D.对成就的需要

19.实用系统理论的代表人物是 【　】
A.比尔　　B.萨洛维奇　　C.维纳　　D.米勒

20.根据权变理论,在领导情境系统中,最重要的是 【　】
A.职位权力　　　　　　　B.任务的结构性
C.领导者与成员的关系　　D.领导者个性

二、多项选择题(本大题共10小题,每小题2分,共20分)
在每小题列出的五个备选项中至少有两个是符合题目要求的,请将其选出并在答题卷上将相应代码涂黑。错涂、多涂、少涂或未涂均无分。

21.古希腊的管理思想十分丰富,这一时期涌现出一批出色的管理者,他们是 【　】
A.苏格拉底　　　B.柏拉图　　　C.亚里士多德
D.希罗多德　　　E.色诺芬

22.关于亚当·斯密的思想,下列表述正确的是 【　】
A.强调分工能带来巨大的经济利益
B.主张加强控制职能

C.提出计算投资还本问题
D.认为经济现象是利己主义的
E.提高劳动者素质是国民财富增长的根本原因

23.通过霍桑实验,梅奥建立了人际关系学说,其主要内容有 【 】
A.职工是"社会人"
B.职工是"经济人"
C.企业中存在非正式组织
D.新型的领导能力在于提高职工的满意程度
E.领导者能力在于提高劳动生产率

24.下列关于马克思·韦伯理想的行政集权组织的特点表述正确的有 【 】
A.任何机构组织都有明确的目标
B.组织目标的实现必须实行劳动分工
C.按等级制度形成一个指挥链
D.人员关系非人格化
E.人事管理科学合理

25.波特认为企业的基本战略有 【 】
A.成本领先战略　　B.成本导入战略　　C.标新立异战略
D.目标集聚战略　　E.市场分级战略

26.下列关于企业战略表述正确的是 【 】
A.企业应该有明确的战略
B.企业战略是一种革命
C.战略计划必须推陈出新
D.制订战略必须讲究民主
E.战略必须是对全局的一种把握

27.布莱克和莫顿的管理方格理论从对事的关心与对人的关心两个角度将领导方式划分为 【 】
A.贫乏型管理　　B.任务型管理　　C.俱乐部式管理
D.中间型管理　　E.理想型管理

28.下列关于数量管理科学学派的特点表述错误的是 【 】

A.从系统出发研究各种功能关系
B.应用多种学科交叉结合的方法
C.模型化和定量化来解决问题
D.以"复杂人"为人性假设
E.主张因时因地进行管理

29.下列关于托马斯·彼得斯的表述正确的有 【   】
A.他是美国最负盛名的管理学大师
B.与他人合著《追求卓越》和《志在成功》
C.提出管理的八条原则
D.用心理学的研究成果以寻求调动人的最大潜力
E.他本人拥有坚实的学术背景

30.日本企业文化的精神支柱是 【   】
A.儒家文化   B.民族特性   C.企业工会制
D.年功序列制   E.终身雇佣制

第二部分 主观题(共 60 分)

三、填空题(本大题共 5 空,每空 2 分,共 10 分)

31.权变学派的理论基础是(   )理论。

32.霍桑实验是一项以(   )的逻辑为基础的实验。

33.在西方,对于人的行为的研究形成了各种各样的观点和流派,归纳起来可分为个体行为研究、群体行为研究、领导行为研究和(   )研究。

34.决策理论学派的管理定义是(   )。

35.所谓(   )科学,是利用许多学科的知识来研究人类行为的产生、发展、变化和规律,以预测、控制和引导人的行为,达到充分发挥调动人的积极性的目标。

四、名词解释题(本大题共5小题,每小题3分,共15分)
36. 目标管理
37. 哈罗德·孔茨的职能管理
38. 麦克米兰的成就需要理论
39. 企业文化
40. 企业再造

五、简答题(本大题共5小题,每小题5分,共25分)
41. 简述亨利·法约尔所划分的企业活动内容。
42. 泰勒科学管理的任务有哪些?
43. 简述波特的行业结构框架的五种作用力。
44. 简述人际关系学的主要观点。
45. 简述数量管理科学学派的管理思想。

六、论述题(本大题共1小题,该小题10分,共10分)
46. 以Y理论为指导思想的管理工作要点是什么?如何结合该理论,提高管理效率?

2013年4月高等教育自学考试
管理思想史试题答案及评分参考(B)
(课程代码06088)

一、单项选择题(本大题共20小题,每小题1分,共20分)
　　1.A　2.D　3.A　4.D　5.B　6.C　7.D　8.A　9.B　10.B　11.B
12.B　13.D　14.C　15.C　16.A　17.B　18.D　19.D　20.C
　　二、多项选择题(本大题共10小题,每小题2分,共20分)
　　21.ABCE　22.ABCDE　23.ACD　24.ABCDE　25.ACD
26.BCDE　27.ABCDE　28.DE　29.ABCD　30.CDE
　　三、填空题(本大题共5小题,每小题2分,共10分)
　　31. 超Y
　　32. 科学管理

33.组织行为

34.管理就是决策

35.行为

四、名词解释题(本大题共 5 小题,每小题 3 分,共 15 分)

【评分参考】(1)考生作答所用词语、句式、前后顺序与答案不同,只要意思正确,就应给分。

(2)考生要点回答不完整,也应酌情给分。

36.目标管理是使管理人员和广大职工(1分)在工作中实行自我控制并达到工作目标(1分)的一种管理技能和管理制度(1分)。

37.哈罗德·孔茨的职能管理把管理揭示为通过别人使事情做成的各项职能(1分)。强调管理的概念、理论、原则和方法,认为管理工作是一种艺术,其基本原理和方法可以应用于任何一种现实情况(1分)。管理的各项职能,应划分为计划(是五种管理职能中最基本的,其他四种管理职能都必须反映计划职能的要求)、组织、人事、指挥和控制五项(1分)。

38.麦克米兰对三类需要作了相当多的研究和测试:(1)对权力的需要(1分);(2)对社会交往的需要(1分);(3)对成就的需要(1分)。

39.企业文化是指在一定的历史条件下,企业在生产经营和管理活动中所创造的具有本企业特色的精神财富及其物质形态(1分)。由三个不同的部分组成:(1)企业精神,是核心层;(2)企业作风,是中间层;(3)企业形象,是外围层(2分,回答两个得1分,三个得2分)。

40.企业再造也译为"公司再造"、"再造工程",是针对企业业务流程的基本问题进行反思(1分),并对它进行彻底的重新设计(1分),以及在成本、质量、服务和速度等衡量企业业绩的这些重要尺度上取得显著的进展(1分)。

五、简答题(本大题共 5 小题,每小题 5 分,共 25 分)

【评分参考】(1)考生作答所用词语、句式、前后顺序与答案不同,只要意思正确,就应给分。

(2)考生要点回答不完整,也应酌情给分。

41.亨利·法约尔所划分的企业内容分六种:(1)技术活动;(2)商业活动;(3)财务活动;(4)安全活动;(5)会计活动;(6)管理活动。(满分5分,全部答对给满分,少答或错答1点扣1分)

42.泰勒科学管理的四项任务:

(1)第一项,是对作业进行科学研究,以便于制订合理的工作定额;(1分)

(2)第二项,则在第一项的基础上将视野投到了工人身上,试图从工人素质上找到管理赖以发挥长久作用的基础;(2分)

(3)第三项,将管理者与管理对象高度统一起来,以便管理的各项措施得以顺利实施;(1分)

(4)第四项,实际上已将企业中管理的职能与一线工人的作业职能区分开来,并且强调了由于这种分工导致管理者和工人之间承担的责任不同。(1分)

43.行业结构框架的五种作用力:

(1)供应商讨价还价的能力;(1分)

(2)购买者讨价还价的能力;(1分)

(3)潜在竞争者进入的威胁;(1分)

(4)替代品的替代威胁;(1分)

(5)行业内竞争者现在的竞争程度。(1分)

44.梅奥和缪斯特伯格所建立的人际关系学说,提出了与当时流行的泰勒科学管理思想不同的一些新观点:(1)职工是社会人(1分);(2)企业中存在非正式组织(1分),所谓非正式组织是指为了有效地实现企业目标(1分),依据企业成员的职位、责任、权力及其相互关系进行明确划分而形成的组织体系(1分);(3)新型的领导能力在于提高职工的满意程度(1分)。

45.数量管理科学学派的管理思想及特点:

(1)从系统观点出发研究各种功能关系;(1分)

(2)应用多种学科交叉配合的方法;(1分)

(3)应用模型化和定量化来解决问题;(1分)

(4)随着情况变化而修改模型,求出新的最优解,通过模型来解

决问题,通常对问题有着较为深入的了解。(2分)

六、论述题(本大题共1小题,该小题10分,共10分)

【评分参考】(1)考生作答所用词语、句式、前后顺序与答案不同,只要意思正确,就应给分。

(2)考生要点回答不完整,但所回答要点论述较好,可根据具体情况,适当加分,但每小题得分不得超过该题满分。

(3)考生作答与答案要点意思不一致,只要言之成理,可酌情给分,但每小题得分不得超过该题满分。

46. Y理论,这种观点对人性的假设是:(1)人并非生性懒惰,要求工作是人的本能(1分);(2)一般人在适当的鼓励下,不但能接受而且追求担负责任,逃避责任并非是人的正确性,而是经验的结果(1分);(3)外力的控制和处罚,并不是使人朝着组织的目标而努力的方法(1分);(4)个人目标与组织目标的统一,是人们对组织目标的承诺,就能运用自我指导和自我控制来使二者协调(1分);(5)所谓的承诺,与达到目标后获得的报酬是直接相关的,它是达成目标的报酬函数(1分);(6)一般人都具有相当高的解决问题的能力和想象力(1分)。

论述如何结合该理论提高管理水平,言之成理即可(4分)。

2012年10月高等教育自学考试统一命题考试

管理思想史试卷(A)

(课程代码 6088)

本试卷满分 100 分,考试时间 150 分钟。

总 分		题号	一	二	三	四	五
核分人		题分					
复查人		得分					

一、单项选择题(本大题共 20 小题,每小题 1 分,共 20 分)在每小题列出的四个备选项中只有一个是符合题目要求的,请将其代码填写在题后的括号内。错选、多选或未选均无分。

1. 道家管理的最高原则是 【 】
   A. 以弱胜强 B. 无为
   C. 以正治国 D. 重本抑末

2. 墨子管理思想的核心是 【 】
   A. 治生之学 B. 轻重之势
   C. 计然之策 D. 兼爱交利

3. 首先意识到"跨度管理"的实践者是 【 】
   A. 罗马人 B. 印度人
   C. 埃及人 D. 中国人

4. 苏格拉底用"问答法"传布其思想,在问题被用一问一答的方法悉数破除之后,别人便在不知不觉中接受了他的影响,他把这种方法叫做 【 】
   A. 谈话法 B. 辩论法
   C. 精神助产术 D. 助产术

5.《国富论》的作者是 【　】
　　A.亚当·斯密　　　　　　　B.马基雅维利
　　C.阿奎那　　　　　　　　　D.大卫·李嘉图
6.巴贝奇提出的"边际熟练原则"是指 【　】
　　A.工作性质是支付工资的依据
　　B.劳动生产率是支付工资的依据
　　C.为增进生产率提出的建议是支付工资的依据
　　D.对每一工种的技术水平定出界限作为支付工资的依据
7.管理科学产生的重要标志是 【　】
　　A.中外古代管理理论　　　　B.科学管理理论的产生
　　C.资本主义管理理论　　　　D.宗教管理理论
8.泰勒对工资制度的一项新发展是 【　】
　　A.计时工资制　　　　　　　B.无差别计件工资制
　　C.差别计件工资制　　　　　D.定时工资制
9.吉尔布雷斯夫人被人们称为 【　】
　　A.科学第一夫人　　　　　　B.效率第一夫人
　　C.经济第一夫人　　　　　　D.管理第一夫人
10."霍桑实验"最有价值的成果是 【　】
　　A.导致人际关系学说的产生　B.提高生产效率
　　C.产生了"非正式组织"　　　D.提高了产量
11.美国行为科学家雷德里克·赫茨伯格提出的理论是 【　】
　　A.需要层次理论　　　　　　B.X、Y理论
　　C.管理方格理论　　　　　　D.双因素理论
12.管理方格理论一般以管理方格图为说明,全图中总共的小方格数是 【　】
　　A.80个　　　B.81个　　　C.82个　　　D.91个
13.下列不属于经理人员职能的是 【　】
　　A.确保组织的对内对外平衡　B.规定组织的目标
　　C.建立和维持一个信息沟通系统　D.确保成员的协作活动

14.巴纳德最早提出了协作系统的概念,他指出管理的职能在于 【　】
    A.保持组织同外部的平衡　　　B.保持组织同内部的平衡
    C.保持组织同外部环境的平衡　D.保持组织同内部环境的平衡

15.随着权变理论的提出,在美国出现了权变理论管理学派,其代表人物有劳伦斯和洛希,他们合著的系统论述权变管理的代表作是 【　】
    A.《革新的管理》　　　　B.《组织与环境》
    C.《战略与结构》　　　　D.《权变管理理论》

16.权变理论学派认为,并不存在一种普遍适用的"最好的"或"不好的"领导方式。一切以企业的任务、个人和团体的行为特点以及____的关系而定。 【　】
    A.职工和职工　　　　　　B.高层领导者和中层领导者
    C.领导者和职工　　　　　D.企业和职工

17.卡曼吸收了俄亥俄州立大学的"领导方式的双因素理论"和阿吉里斯的"不成熟—成熟理论"而建立起来的一种三因素的权变理论是 【　】
    A."领导生命周期"理论
    B."三因素领导效率论"
    C."目标—途径领导理论"
    D."领导方式连续统一体"理论

18.美国著名管理学家彼得·德鲁克的原籍是 【　】
    A.意大利　　B.匈牙利　　C.法国　　D.奥地利

19.企业共同价值观、企业精神、企业风俗习惯、企业道德规范等企业的纯精神、纯观念的因素也可称作 【　】
    A.隐性文化　　　　　B.显性文化
    C.半显性文化　　　　D.半隐性文化

20.最先提出企业战略管理这个概念的美国学者是 【　】
    A.彼得·德鲁克　　　B.安索夫
    C.波特　　　　　　　D.安德鲁斯

二、多项选择题(本大题共5个小题,每小题2分,共10分)在每小题列出的五个备选项中至少有两个是符合题意要求的,请将其代码填写在题后的括号内。错选、多选、少选或未选均无分。

21.继文艺复兴之后,新兴资产阶级逐渐崛起,封建社会摇摇欲坠,封建主义内部的革命因素迅速发展。这一发展直接导致了资本主义精神来源的三大伦理的产生,这三大伦理是 【 】
A.新经济伦理　　B.新教伦理　　C.个人自由伦理
D.新市场伦理　　E.新政治伦理

22.巴比奇认为工资、利润加奖金这种报酬制度的好处有 【 】
A.每个工人的利益同工厂的发展及其所创利润的多少直接相关
B.每个工人都会关心浪费和管理不善等问题
C.这种报酬制度能促进每个部门改进工作
D.这种报酬制度有助于激励工人提高技术和品德
E.工人和雇主的利益一致,可以消除隔阂,共求企业的发展

23.人际关系学说的局限有 【 】
A.过分强调社会需要,忽视经济需要
B.让职工参与决策
C.过分强调非正式组织的作用
D."满足"不是提高效率的基本前提
E.强调搞好上下级之间的沟通

24.巴纳德认为,组织不论大小,其存在和发展都必须具备三个条件,它们是 【 】
A.共同的爱好　　B.协作意愿　　C.身份的平等
D.明确的目标　　E.信息沟通

25.目标管理的基本理论有 【 】
A.动机激发理论　　B.人性假设理论　　C.授权理论
D.组织理论　　　　E.行为理论

三、名词解释题(本大题共5个小题,每小题3分,共15分)

26. 例外原则
27. 风险性决策
28. 系统分析
29. 企业文化
30. 非程序化决策

四、简答题(本大题共5个小题,每小题6分,共30分)

31. 简述文艺复兴时期人文主义的核心思想。
32. 简述科学管理的基本假设前提。
33. 简述期望理论的局限。
34. 简述梅奥的"社会人"假设。
35. 简述巴比奇关于工资、利润加奖金的报酬制度。

五、论述题(本大题共2个小题,第36小题12分,第37小题13分,共25分)

36. 论述学习型组织的特征。
37. 论述泰勒科学管理理论的主要内容。

2012年10月高等教育自学考试统一命题考试

试题答案及评分参考试卷A

(课程代码6088)

一、单项选择题(本大题共20小题,每小题1分,共20分)
1.B　2.D　3.C　4.C　5.A　6.D　7.B　8.C　9.D　10.A　11.D

12.B　13.A　14.C　15.B　16.C　17.A　18.D　19.A　20.B

二、多项选择题(本大题共 5 个小题,每小题 2 分,共 10 分)

21.BCD　22.ABCDE　23.ACD　24.BDE　25.ABC

三、名词解释题(本大题共 5 个小题,每小题 3 分,共 15 分)

26.例外原则:即企业的高级管理人员把例行的一般日常事务授权给下属管理人员负责处理,自己保留对例外事项的决定权、监督权和控制权。

27.风险性决策:又叫做统计型决策或随机型决策,是指人们对决策信息的掌握不够充分,决策时客观上存在一些不可控制的因素,一种方案执行下去可能出现几种不同的结果,但每种结果发生的概率是可以作出客观估计的。

28.系统分析:是对一个系统内的基本问题,用逻辑的思维推理、科学分析计算的方法,在确定条件和不确定条件下,找出各种可行的备选方案,加以分析比较,进而选出一种最优方案。

29.企业文化:是指企业经营管理中,根据企业的任务、性质和所处环境而提出的一系列以共同价值观为核心的观念和信条。

30.非程序化决策:是指决策可以非程序化到使之表现为新颖、无结构,具有不寻常影响的程序。

四、简答题(本大题共 5 个小题,每小题 6 分,共 30 分)

31.文艺复兴时期人文主义的核心思想是:肯定人,注重人性,要求把人、人性从宗教束缚中解放出来。(3 分)这种人文主义思想主要是反对神学中抬高神而贬低人的观点,肯定人的价值,强调人的可贵,要求人的个性解放和自由平等,推崇人的经验和理性,提倡认识自然、造福人生。(3 分)

32.科学管理的基本假设前提:

(1)当时资本主义劳资矛盾日益尖锐的主要原因是社会资源没有得到充分地利用,而如果能通过科学管理使这一问题得到解决,则劳资双方都会获得利益,劳资矛盾则迎刃而解。(2 分)

(2)对工人来说,其基本的假设是"经济人"。即人最为关心的是如何提高自己的货币收入,或者说只要能使工人得到令他满意的经

济利益,他就愿意配合管理者挖掘出自身最大的潜能。(2分)

(3)单个人是可以取得最大效率的,但集体的行为反而导致效率下降,科学管理是使单个人提高效率的有效方法。(2分)

33.期望理论的局限主要在于其模式的太过理想化。(2分)期望理论模式以完整的理性范式为前提,因为它认为人的工作动机之所以能被激发,人的可能行为之所以能被预见,就是由于行为个体能十分理性和清楚地意识到"个人努力—个人成绩—组织奖励—个人需要"这一系列关系。(4分)

34.梅奥的社会人假设:通过霍桑实验发现,工资、作业条件、生产效率之间没有绝对的关系。(2分)于是,人际关系研究者提出了"社会人"假设,取代了"经济人"假设。(1分)按照"社会人"假设,在社会上活动的职工不是各自孤立存在的,而是作为某一集团的一员,即有所归属的"社会人",存在于社会。(2分)"社会人"不仅需要寻求个人收入,更以人类的社会需要为行为动机,如还需要得到友谊、安定和归属感等等。(1分)

35.工人的报酬制度由三部分组成:1.按照工作性质所确定的固定工资;2.按照对劳动生产率所作出的贡献分得利润;3.为增进生产率提出建议而应得的奖金。(各2分)

五、论述题(本大题共2个小题,第36小题12分,第37小题13分,共25分)

36.在学习型组织中,有五项新技能正在逐渐汇聚起来,使学习型组织演变成一项创新。虽然它们的发展是分开的,但都紧密相关,其中的每一项技能对学习型组织的建立都不可缺少。彼得·圣吉把这五项技能称为"五项修炼"。(1分)

(1)自我超越。"自我超越"的修炼是学习不断理清并加深个人真正愿望,集中精力、培养耐心,并客观地观察现实。精熟"自我超越"的人,能够不断实现他们内心深处最想实现的愿望。他们对生命的态度就如同艺术家对艺术作品一般,全心投入、不断创新和超越,是一种真正的终身学习。(略)(2分)

(2)改善心智模式。"心智模式"是指"根深蒂固于心中,影响人

们如何了解世界,以及如何采取行动的许多假设、成见甚至图像、印象"。(略)(2分)

(3)建立共同愿景。所谓的共同愿景,主要是指一个组织所形成的共有目标、共同价值观和使命感。(略)(2分)

(4)团体学习。在一个管理团体中,大家都认真参与,每个人的智商都在120以上,何以集体的智商只有62?团体学习的修炼就在于处理这种困境。有不少惊人的实例显示,团体的集体智慧高于个人智慧,团体拥有整体搭配的行动能力。(略)(2分)

(5)系统思考。系统思考又被叫做第五项修炼,它是整个五项修炼的基石,如果没有系统思考,各项学习修炼到了实践阶段,就失去了整合的方法。(略)(2分)

学习型组织的真谛在于:学习一方面为了保证企业的生存,使企业组织具有不断改进的能力,提高企业组织的竞争力;另一方面,学习更是为了实现个人与工作的真正融合,使人们在工作中活出生命的意义。(1分)

37.科学管理理论的主要内容包含以下六个方面:

(1)制订"合理的日工作量"。制订合理的日工作量是泰勒制的基础,也是科学管理的真正开端。所谓"合理的日工作量",就是用科学的方法来确定工人用现有设备和原料每天所能完成的产量。(略)(3分)

(2)挑选并培训"第一流的工人"。为了提高劳动生产效率,必须为工作挑选"第一流的工人"。所谓"第一流的工人",泰勒认为,就是能够适合干某些具体工作的工人,同时也是愿意干好这一工作的工人。(略)(2分)

(3)实行"差别计件工资制"。"差别计件工资制"就是根据工人的实际工作表现而不是根据工人的工作类别支付酬金。(略)(2分)

(4)实行"职能分离"原则。职能分离,即计划职能和执行职能的分离,改变了过去凭经验工作的方法,而代之以科学的工作方法,以确保管理任务的完成。(略)(2分)

(5)建立"职能工长制"。职能工长制是根据工人的具体操作过程进一步对分工进行细化而形成的。为了事先规定好工人的全部作业过程,必须使指导工人干活的工长具有特殊的素质。(略)(2分)

(6)实行"例外原则"。所谓例外原则,即企业的高级管理人员把例行的一般日常事务授权给下属管理人员负责处理,自己保留对例外事项的决定权、监督权和控制权。这种管理原则后来发展成为组织管理上的分权原则,在这种原则指导下形成了事业部制的组织结构。可见,这一原则至今仍然是管理活动中极为重要的原则之一。(2分)

2012年10月高等教育自学考试统一命题考试

管理思想史试卷(B)

（课程代码 6088）

本试卷满分100分，考试时间150分钟。

总 分		题号	一	二	三	四	五
核分人		题分					
复查人		得分					

得分	评卷人

一、单项选择题(本大题共20小题,每小题1分,共20分)在每小题列出的四个备选项中只有一个是符合题目要求的,请将其代码填写在题后的括号内。错选、多选或未选均无分。

1. 韩非的经济管理思想是 【 】
   A.重本抑末 B.术 C.法 D.势
2. 首先意识到"跨度管理"的实践者是 【 】
   A.罗马人 B.印度人 C.埃及人 D.中国人
3. 第一个采取类似现代股份制公司的形式向公众出售股票的国家是 【 】
   A.古埃及 B.古罗马 C.古希腊 D.古印度
4. 被后人称为"现代人事管理之父"的是 【 】
   A.欧文 B.朱兰 C.韦尔奇 D.萨伊
5. 关于经济人方面的"群氓"假设的提出者是 【 】
   A.商鞅   B.詹姆斯·斯图亚特
   C.大卫·李嘉图 D.韩非
6. 被后人尊为"科学管理之父"的是 【 】
   A.弗雷德里克·泰勒 B.奥柏林·史密斯

C.戴明　　　　　　　D.费根鲍姆

7.科学管理理论的立论基础是把工人视为　　　　　【　】
　A.自然人　　B.法律人　　C.社会人　　D.经济人

8.法约尔被后人称为　　　　　　　　　　　　　【　】
　A.动作研究之父　　　　　B.效率工程之父
　C.疲劳研究之父　　　　　D.管理过程之父

9."霍桑实验"最有价值的成果是　　　　　　　　【　】
　A.提高生产效率　　　　　B.导致人际关系学说的产生
　C.产生了"非正式组织"　　D.提高了产量

10.在"非正式组织"中起支配作用的价值标准是　　【　】
　A.感情逻辑　B.成本逻辑　C.效益逻辑　D.效率逻辑

11.弗鲁姆期望理论的模式是　　　　　　　　　　【　】
　A.个人需要→个人努力→个人成绩→组织奖励
　B.个人需要→组织奖励→个人努力→个人成绩
　C.个人努力→个人成绩→组织奖励→个人需要
　D.个人成绩→个人努力→组织奖励→个人需要

12.社会系统学派把企业组织看成是一个复杂的社会系统,他们分析
　和研究管理问题所运用的观点是　　　　　　　【　】
　A.社会学的观点　　　　　B.管理学的观点
　C.行为学的观点　　　　　D.美学的观点

13.下列不属于经理人员职能的是　　　　　　　　【　】
　A.建立和维持一个信息沟通系统
　B.规定组织的目标
　C.确保组织的对内对外平衡
　D.确保成员的协作活动

14.非程序化决策又称为　　　　　　　　　　　　【　】
　A.结构优良的决策　　　　B.结构合理的决策
　C.不良结构的决策　　　　D.结构不良的决策

15.系统观点和系统分析可以运用于各种资源的管理。把企业单位
　作为系统来安排和经营时,它应该叫做　　　　【　】

A.协作管理 B.经营管理   C.系统管理   D.协助管理

16.权变理论的理论基础是　　　　　　　　　　　　　　【　】
   A.Y理论   B.超Y理论   C.X理论   D.Z理论

17.以期望几率模型以及俄亥俄大学的领导方式的双因素模型为依据发展而来的是　　　　　　　　　　　　　　　　　　【　】
   A.目标一途径领导理论   B.三因素领导效率论
   C.领导的权变模型   D.领导方式连续统一体理论

18.彼得·德鲁克所著的经验主义理论的代表作是　　　　　【　】
   A.《工人的未来》   B.《公司的概念》
   C.《管理的实践》   D.《管理:任务、责任、实践》

19.下列理论中,属于日裔美籍管理学者威廉·大内提出的是【　】
   A.X理论   B.Y理论   C.Z理论   D.超Y理论

20.在企业产品和服务、企业技术和设备、企业外貌和标志等一切有形物质因素中体现的精神因素为物化精神因素,也可称作【　】
   A.隐性文化   B.显性文化
   C.半显性文化   D.半隐性文化

二、多项选择题(本大题共5个小题,每小题2分,共10分)在每小题列出的五个备选项中至少有两个是符合题意要求的,请将其代码填写在题后的括号内。错选、多选、少选或未选均无分。

21.亚当·斯密在《国富论》中分析影响工资大小的因素有【　】
   A.劳动工资因各种工作难易不同、污洁不同、尊卑不同而有所不同
   B.劳动工资因各种工作的技术性不同、所学技术的学费不同而有所不同
   C.劳动工资因各种工作是否安定而有所不同
   D.劳动工资因劳动者所须负担的责任的大小不同而有所不同
   E.劳动工资随各种工作取得资格可能性的大小不同而有所不同

22.下列属于科学管理的主要内容的是 【　　】
   A.制定"合理的日工作量"和挑选并培训"第一流的工人"
   B.实行"差别计件工资制"
   C.实行"职能分离"原则
   D.建立"职能工长制"
   E.实行"例外原则"

23.双因素理论的基本内容是 【　　】
   A.保健因素　　B.保养因素　　C.态度因素
   D.精神因素　　E.激励因素

24.西蒙根据决策性质对决策进行了不同的分类,它们是 【　　】
   A.确定性决策　　B.冒险性决策　　C.风险性决策
   D.程序化决策　　E.非确定性决策

25.企业文化的作用有 【　　】
   A.动力作用　　B.建设作用　　C.激励作用
   D.凝聚作用　　E.评价作用

三、名词解释题(本大题共5个小题,每小题3分,共15分)

26.决策准则
27.非确定性决策
28.目标管理
29.程序化决策
30.效价

四、简答题(本大题共5个小题,每小题6分,共30分)

31.简述欧文人性理论的基本内容。
32.简述期望理论的局限。

33.简述马斯洛需要层次理论。
34.简述巴比奇关于工资、利润加奖金的报酬制度。
35.简述"霍桑效应"。

得分	评卷人

五、论述题(本大题共 2 个小题,第 36 小题 12 分,第 37 小题 13 分,共 25 分)

36.论述赫茨伯格的双因素理论。
37.论述韦伯理想的行政组织的特征。

2012 年 10 月高等教育自学考试统一命题考试
试题答案及评分参考试卷 B
(课程代码6088)

一、单项选择题(本大题共20小题,每小题1分,共20分)
　1.A　2.C　3.B　4.A　5.C　6.A　7.D　8.D　9.B　10.A　11.C
12.A　13.C　14.D　15.C　16.B　17.A　18.D　19.C　20.B
二、多项选择题(本大题共5个小题,每小题2分,共10分)
　21.ABCDE　22.ABCDE　23.AE　24.ACE　25.ABCD
三、名词解释题(本大题共5个小题,每小题3分,共15分)
　26.决策准则:是决策者在决策全过程中应该遵循的原则。其中包括决策的思维方式、决策组织、拟订备选方案方面的原则。

　27.非确定性决策:指决策所面临的条件和因素不确定,人们对决策信息的掌握非常少,即每一种方案可能发生的结果是不可知的,也无法确定其概率。

　28.目标管理:是使管理人员和广大职工在工作中实行自我控制并达到工作目标的一种管理技能和管理制度。

　29.程序化决策:是指决策可以程序化到呈现出重复和例行的状态,可以程序化到制订出一套处理这些决策的固定程序,以至每当它出现时,不需要再重复处理它们。

30.效价:指所达到的目标对于满足个人需要的价值。

四、简答题(本大题共5个小题,每小题6分,共30分)

31.欧文人性理论的基本内容:运用适当的方法可以为任何社会以至整个世界造成任何一种普遍的性格,从最好的到最坏的、从最愚昧的到最有教养的性格;(3分)这种方法在很大程度上是由对世事有影响的人支配和控制着的。(3分)

32.期望理论的局限:主要在于其模式太过理想化。(2分)期望理论模式以完整的理性范式为前提,因为它认为人的工作动机之所以能被激发,人的可能行为之所以能被预见,就是由于行为个体能十分理性和清楚地意识到"个人努力—个人成绩—组织奖励—个人需要"这一系列关系。(4分)

33.马斯洛把人的需要从低到高分成五个层次:
(1)生理的需要;(2)安全的需要;(3)社交的需要;(4)尊重的需要;(5)自我实现的需要。(2分)以上五种需要不是每一种都得到100%的满足之后才出现最高的需要,事实上,每一种需要都不可能得到100%的满足。一般来讲,等级越低者越易得到满足,等级越高者则能得到满足的比率越小。(1分)马斯洛认为,各需要层次之间的关系是逐层递升的。在同一时期内,不同层次的需要可以并存。人的需要带有发展的、动态的性质。(3分)

34.工人的报酬制度由三部分组成:(1)按照工作性质所确定的固定工资;(2)按照对劳动生产率所作出的贡献分得利润;(3)为增进生产率提出建议而应得的奖金。(各2分)

35.从继电器装配室实验中,梅奥看到了工作环境、福利措施及奖励制度等并不是激励工人积极性的主要决定因素,而且与工作效率的相关性较小。(2分)为什么在照明条件下降和福利措施取消的情况下,生产量仍然上升呢?就是因为这些女工受到了厂房和研究小组的重视,使她们感到自己受到了信任,参与了公司重大问题的解决,从而使她们满足了胜利感、成就感和自豪感。(2分)这些都激发了她们内心的积极性,于是努力工作,从而提高了工作效率。这种现象后来被称作为"霍桑效应"。(2分)

五、论述题(本大题共 2 个小题,第 36 小题 12 分,第 37 小题 13 分,共 25 分)

36.双因素理论即保健因素和激励因素。(1 分)

(1)保健因素。保健因素的内涵是个人避免不满意的需要,它无法使人产生积极的满意感和成长的感受,但可以预防出现不满或消除职工的不满意感,所以被称之为"保健因素"。(略)(3 分)

(2)激励因素。激励因素的内涵是个人成长和自我实现的需要,这种成长需要能提供强有力的心理激励,可以激发人们在工作中努力进取,形成积极向上的工作态度,所以称之为"激励因素"。(略)(3 分)

从上可见双因素的非对应关系。导致工作满意的因素与导致工作不满意的因素二者之间的关系是不对应关系,即"满意"的对立面不是"不满意",而是"没有满意";"不满意"的对立面不是"满意",而是"没有不满"。这样便形成了不同于传统看法的满意与不满意关系。(2 分)

保健因素的作用是外在的,激励因素的作用是内在的。二者的关系,正如卫生保健对身体所起的作用一样,卫生保健不能直接提高健康水平,但有预防疾病的效果。同样的,保健因素不能直接起激励职工的作用,但能防止职工产生不满情绪。(略)(3 分)

37.理想的行政组织特征有九个。

(1)任何机构组织都应有确定的目标。机构是根据明文规定的规章制度组成的,并具有确定的组织目标。人员的一切活动,都必须遵守一定的程序,其目的是为了实现组织的目标。(1 分)

(2)组织目标的实现,必须实行劳动分工。组织为了达到目标,把实现目标的全部活动都一一进行划分,然后落实到组织中的每一成员。在组织中的每一个职位都有明文规定的权利和义务,这种权利和义务是合法化的,在组织工作的每个环节上,都是由专家来负责的。(2 分)

(3)按等级制度形成的一个指挥链。这种组织是一个井然有序且具有完整的权责相互对应的组织,各种职务的职位按等级制度的体系来进行划分,每一级的人员都必须接受其上级的控制和监督,下级服从上级。作为上级必须对自己的下级拥有权力,发出下级必须服从的命令。(2分)

(4)在人员关系上,是一种非人格化的关系。这种关系是由职位所赋予的权力所决定的,不是由个人决定的,个人之间的关系不能影响到工作关系。(1分)

(5)承担每一个职位的人都是经过挑选的,也就是说必须经过考试和培训,接受一定的教育,获得一定的资格,由需要的职位来确定需要的人。人员必须是称职的,同时也不能随便免职。(1分)

(6)所有的管理人员都是委任而不是选举的。(1分)

(7)管理人员管理企业或其他组织,但他不是这些企业或组织的所有者。(1分)

(8)管理人员有固定的薪金,并且有明文规定的升迁制度,有严格的考核制度。管理人员的升迁完全由他的上级来决定,下级不得发表任何意见,以防止破坏上下级的指挥系统,通过这种制度来培养组织成员的团队精神,要求他们忠于组织。(2分)

(9)管理人员必须严格遵守组织中的法规和纪律,这些规则不受个人感情的影响,而适用于一切情况。组织对每个成员的职权和协作范围都有明文规定,使其能正确地行使职权,从而减少内部的冲突和矛盾。(2分)